Bien dit! 1

Cahier d'activités

Copyright © by Houghton Mifflin Harcourt Publishing Company

All rights reserved. No part of this work may be reproduced or transmitted in any form or by any means, electronic or mechanical, including photocopying or recording, or by any information storage and retrieval system, without the prior written permission of the copyright owner unless such copying is expressly permitted by federal copyright law. Requests for permission to make copies of any part of the work should be addressed to Houghton Mifflin Harcourt Publishing Company, Attn: Contracts, Copyrights, and Licensing, 9400 SouthPark Center Loop, Orlando, Florida 32819-8647.

HOLT McDOUGAL

HOUGHTON MIFFLIN HARCOURT

Contributing writer
Dana Chicchelly

Reviewer
Annick Penant

Table of Contents

Salut, les copains!

1 Choose the logical response to each question or statement.

_____ 1. Comment tu t'appelles?
     a. Salut!   b. Je m'appelle Julie.   c. Il s'appelle Léo.

_____ 2. Au revoir!
     a. Bonjour!   b. Plus ou moins.   c. À plus tard!

_____ 3. Comment il s'appelle?
     a. Il s'appelle Marc.   b. Je m'appelle Théo.   c. Tu t'appelles Léo.

_____ 4. Comment allez-vous, madame?
     a. Très bien, et vous?   b. À bientôt!   c. Je m'appelle Marie.

_____ 5. Ça va?
     a. Salut!   b. Oui, ça va bien.   c. Et vous?

2 After each group of words, write the word or expression that doesn't belong in that group.

    MODÈLE Salut!   Bonjour!   Au revoir!   **Au revoir!**

1. tu   madame   monsieur   _____

2. Pas mal.   Bien.   Pas très bien.   _____

3. Ça va?   Et toi?   Et vous?   _____

4. Ça va?   Il s'appelle... Tu t'appelles... _____

5. À demain.   À plus tard. À tout à l'heure. _____

3 Madame Dupont has four grandchildren. Imagine how old they are and under each image, write out the age of each of her grandchildren in French.

1. _____   2. _____   3. _____   4. _____

VOCABULAIRE 1/GRAMMAIRE 1   CHAPITRE 1

4 Indicate the correct order of the conversations by numbering the sentences.

1. _____ Comment il s'appelle?

     _____ Il a seize ans.

     _____ Simon a quel âge?

     _____ Il s'appelle Simon. C'est un ami.

2. _____ Enchantée, Luc.

     _____ Bonjour Sophie, ça va?

     _____ Enchanté Madame.

     _____ Bonjour, Madame Chauvet.

     _____ Bien, Je vous présente Luc, c'est un ami.

3. _____ J'ai quinze ans.

     _____ Salut! Tu as quel âge?

     _____ Salut! Je m'appelle Lise.

     _____ J'ai seize ans, et toi?

4. _____ Salut Chloé!

     _____ J'ai quatorze ans.

     _____ Bonjour!

     _____ Tu as quel âge, Chloé?

     _____ Jérôme, je te présente Chloé.

5 It's Marie's first day at her new school and she is talking with one of her classmates. For each of her classmate's responses, write Marie's question.

MODÈLE Comment il s'appelle?   Il s'appelle Alexandre.

1. _____ Oui, ça va.

2. _____ Je m'appelle Valérie.

3. _____ J'ai quinze ans.

4. _____ Elle s'appelle Léa.

5. _____ Elle a seize ans.

6 This afternoon, Max is going to Aurélie Garnier's birthday party with you. He is nervous about saying the correct things. Help Max by answering his questions.

Max   How do I say hello to Aurélie's mom?

You   (1) _____

Max   What if I see her dad? How do I ask him how he is?

You   (2) _____

Max   How do I say "Hi, how's it going?" to Aurélie's little brother?

You   (3) _____

Max   It's Aurélie's birthday. How do I ask her how old she is?

You   (4) _____

7 Write complete sentences in French about the following people and pets.

1. Your name:_____

2. Your age: _____

3. Your best friend's name: _____

4. Your best friend's age: _____

5. Your pet's name: _____

6. Your pet's age: _____

7. Your favorite actor or actress's name: _____

8 Match each subject on the left with the pronoun that would be used to replace it.

_____ 1. Camille

_____ 2. Jonathan et Pierre

_____ 3. Un ami et moi

_____ 4. Nicolas

_____ 5. Karine et Mélodie

a. elles
b. il
c. elle
d. nous
e. ils

9 The new French exchange student would like to know more about you. Answer her questions.

1. Comment ça va? _____

2. Comment tu t'appelles? _____

3. Tu as quel âge? _____

4. Ton ami, il s'appelle comment? _____

_____

5. Ton amie, elle s'appelle comment? _____

_____

CULTURE   CHAPITRE **1**

10 GÉOCULTURE Complete Sarah's letter about her trip to France with the appropriate sites.

> *Bonjour, Mom and Dad!*
>
> *I'm having a great time in France! It's so beautiful here and there are so many*
> *amazing things to see. Today we went on a tour of Paris and the surrounding*
> *area, which they call (1) _____. First, we went to the top of (2)*
> *_____. From there we could see boats going up and down (3)*
> *_____, the river that runs through Paris. In the middle of the river is*
> *(4) _____. After we came down, we went to (5) _____, where*
> *we saw a pond where French children sail their toy boats. Then we left Paris*
> *and went to (6) _____ where Louis XIV lived and we walked through*
> *the beautiful (7) _____. After that, we wanted to go for a bike ride*
> *through (8) _____, but we were too tired! Tomorrow, we are either*
> *going to go to (9) _____ to see a classic French garden, or to (10)*
> *_____ to see its stained-glass windows.*

11 FLASH CULTURE Read each statement and say if each one is **vrai** (*true*) or **faux** (*false*).

_____ 1. In Québec, **bonjour** can mean *hello* or *how are you?*

_____ 2. Both girls and boys kiss each other on the cheeks when greeting.

_____ 3. The number of cheek kisses varies from region to region.

_____ 4. If you take your car to be repaired in France, you should not call the mechanic by his or her first name.

12 COMPARAISONS How do the Senegalese greet each other ?

_____

_____

_____

Salut, les copains!

13 Solve the crossword puzzle with the names of things found in a classroom.

HORIZONTAL

1. Usually written on with chalk.
2. Used to surf the Internet.
3. Find your way around with this.
4. The adult in your classroom.

VERTICAL

5. Where your teacher sits.
6. Open this for fresh air.
7. If you're not **une fille**, you're **un** _____.

14 You are helping your teacher Mademoiselle Clément take inventory of her classroom supplies. Write your responses to her questions using the amounts given in parentheses.

Mlle Clément Il y a des posters?

Toi (1) _____ (3)

Mlle Clément Il y a des cartes?

Toi (2) _____ (1)

Mlle Clément Il y a une télé?

Toi (3) _____ (0)

Mlle Clément Il y a combien de chaises?

Toi (4) _____ (15)

Mlle Clément Combien d'ordinateurs il y a?

Toi (5) _____ (0)

VOCABULAIRE 2/GRAMMAIRE 2   CHAPITRE **1**

15 Your friend Austin is having a hard time spelling some words in French. Answer his questions. Be sure to include the accents in your answers.

> **MODÈLE** Comment ça s'écrit, garçon? **Ça s'écrit g-a-r-c (cédille)-o-n.**

1. Comment tu épelles fenêtre? _____

2. Comment ça s'écrit, télévision? _____

3. Comment tu épelles après? _____

4. Comment ça s'écrit, Noël? _____

16 Imagine that you are a director's assistant for a play set in a classroom. The director, Monsieur Giraud, has given you a list of props that must be on stage. Write a note to the director telling which items on the list are there and which items are not. The first one has been done for you.

Scène 1
1 tableau
2 cartes de France
1 bureau
feuilles de papier
1 chaise
1 poster de la Tour Eiffel

Monsieur Giraud,

Il y a un tableau. _____

_____

_____

_____

_____

_____

17 Unscramble the following words to make sentences. Be sure to use the correct form of **avoir**, add punctuation, and capitalize words.

1. quatorze / avoir / Amadou / ans _____

2. j' / ordinateur / un / avoir _____

3. avoir / lecteur de CD / un / tu _____

4. de / n' / vous / avoir / pas / chaise _____

5. des / nous / posters de Paris / avoir _____

6. pas / carte / avoir / Marion et Juliette / n' / de _____

_____

18 You and your classmates have come to class without any supplies and your classroom is missing some supplies as well. Answer your teacher's questions.

1. Tu as un livre? Non, _____

2. Joseph a une carte? Non, _____

3. Amélie et Nicole ont des CD? Non, _____

_____

4. Toi et Philippe, vous avez des posters? Non, _____

_____

5. Il y a un lecteur de DVD dans la salle de classe? Non, _____

6. Alors, j'ai une télévision? Non, _____

19 Your French pen pal asks you to describe a typical American classroom. Write five sentences telling him or her what items are in one of your classrooms.

_____

_____

_____

_____

_____

20 Read Act 1, Scene 1 of *Le Zèbre élève.* Then answer the questions that follow.

Zébulon	Je m'appelle Zebulon. Zebulon Zèbre. Et toi, tu t'appelles comment?
Véronique	Je… je m'appelle… MONSIEUR AMBLARD!!! Il y a un zèbre dans la salle de classe!!!
M. Amblard	Véronique, je te présente Zebulon Zèbre. C'est un élève. Tu as quel âge, Zebulon?
Zébulon	J'ai quinze ans.
M. Amblard	Véronique, Zebulon est un zèbre spécial. C'est un génie!
Véronique	"Génie"? Qu'est-ce que ça veut dire?
M. Amblard	[*à la classe*] Bon! D'accord! Asseyez-vous!
Zébulon	Mais, monsieur! Il y a seulement dix chaises et il y a vingt élèves!
M. Amblard	Oh, non!

_____ 1. What does Zébulon first ask Véronique?
   a. how old she is
   b. how she is
   c. her name

_____ 2. How old is Zébulon?
   a. 14
   b. 15
   c. 16

_____ 3. What does Véronique ask Monsieur Amblard to do?
   a. spell génie
   b. tell what génie means
   c. repeat the word *génie*

_____ 4. What does Monsieur Amblard tell the class to do?
   a. sit down
   b. listen
   c. be quiet

_____ 5. What problem does Monsieur Amblard have at the end of the scene?
   a. not enough students
   b. not enough chairs
   c. not enough books

RÉVISIONS CUMULATIVES CHAPITRE **1**

21 Jean-Louis is a new student at your school. Write five questions you might ask him.

1. _____
2. _____
3. _____
4. _____
5. _____

22 Write three sentences using **il y a** to tell what is in the classroom below. Write two sentences using **il n'y a pas de (d')** to tell what is *not* in the classroom.

1. _____
2. _____
3. _____
4. _____
5. _____

RÉVISIONS CUMULATIVES

23 You overhear some teens discussing their electronics. Match the sentence beginnings on the left with the endings on the right.

_____ 1. Nous

_____ 2. Je

_____ 3. Félix, tu

_____ 4. Denis et Robert, vous

_____ 5. Didier

_____ 6. Salima et Céline

a. ont une télé.
b. a un ordinateur.
c. n'avons pas de télé.
d. n'ai pas d'ordinateur.
e. avez un lecteur de CD?
f. as un lecteur de DVD?

24 Imagine that you are a teacher. Read what different students are doing and write what you would say in each situation.

1. Morgane and Sonia are chatting together.

_____

2. Raphaël and Renaud are playing tag.

_____

3. Christian and Marc are listening to their portable CD players.

_____

4. Lise is staring out the window and Agathe is daydreaming.

_____

5. Mathieu and Lise are standing on their desks, stapling pictures to a bulletin board.

_____

25 Write a conversation in which you greet your French teacher, ask how he or she is, and then introduce your best friend to him or her.

_____

_____

_____

_____

_____

_____

Qu'est-ce qui te plaît?

1 Write the item(s) from the box that you would expect to find at the following stores.

un roman	**une bande dessinée**	**le chocolat**	**le baladeur**
les frites	**un crayon de couleur**	**un journal**	**un magazine**
la glace	**les voitures de sport**	**la radio**	

1. Carl's Car-A-Rama _____

2. Dairy Planet _____

3 Electric Avenue _____

4. Fudge World _____

5. The Book Worm _____

6. Art Works _____

7. Burger Barn _____

2 Imagine that you are a 1st grade teacher. The following kids have been dropped off for the day. Match each child to how you would expect him or her to answer the question «**Qu'est-ce que tu aimes faire?**»

_____ 1. Céline Dion's son

_____ 2. Bill Gates's daughter

_____ 3. Stephen King's niece

_____ 4. Simon Cowell's nephew

_____ 5. Albert Einstein's great-grandson

_____ 6. Pablo Picasso's great-granddaughter

a. J'adore lire.
b. J'aime chanter.
c. J'aime bien dessiner.
d. J'adore surfer sur Internet.
e. J'aime écouter de la musique.
f. J'aime étudier les mathématiques.

3 Nicole doesn't like school very much. She has a lot of friends and would like to star in a Broadway musical someday. Write four sentences telling what Nicole would say about her likes and dislikes.

1. _____

2. _____

3. _____

4. _____

4 You are on a long airplane ride. You are tired, but the girl sitting next to you is very chatty. You are polite and agree/disagree with what she is saying. Write how you would respond to her questions.

(She cranks her headset way up.)

    La fille   J'adore écouter de la musique! Et toi?

       Toi   (1) _____

(You pull out a book you've been dying to read.)

    La fille   Oh, je n'aime pas lire. Et toi?

       Toi   (2) _____

(You pull out your laptop to surf the Internet.)

    La fille   Je n'aime pas les ordinateurs. Et toi?

       Toi   (3) _____

(You read a magazine you find on the plane, but it is boring. You put it down.)

    La fille   Je n'aime pas *Pilot's Digest*. Et toi?

       Toi   (4) _____

(Finally, you pull out a pillow. She pulls out a pillow, too.)

    La fille   J'adore dormir. Et toi?

       Toi   (5) _____

5 You are peer-editing a classmate's French homework. Read his paper and cross out each incorrect article you find and write the correct one above it.

J'aime la école. J'aime les français et j'adore le mathématiques. J'aime aussi lire. J'adore le bandes dessinées, mais je n'aime la romans. J'aime écouter de l'musique. J'aime le musique classique, mais je préfère les musique moderne. J'aime bien l'frites, mais j'aime mieux le glace.

6 A marketer asks you to take part in a survey. Respond to his questions by writing a complete sentence telling which of the two items you prefer or like better.

   1. "Frites ou glace?" _____

   2. "Romans ou bandes dessinées?" _____

   3. "Télévision ou radio?" _____

   4. "Musique moderne ou musique classique?" _____

   5. "Vacances ou école?" _____

7 Pauline is talking on the phone to her Aunt Odile who asks what Pauline and her brothers and sisters are up to. Unscramble the sentences below. Be sure to use the correct forms of the verbs.

    1. la / écouter / J' / de / musique _____

    2. télé / Théo et Edgar / regarder / la _____

    3. Aurélie et moi, nous / le français / étudier _____

    4. sur / surfer / Internet / Serge _____

    5. travailler / Caroline et Isabelle _____

8 Imagine that you are a private investigator. Your client is a French teacher who wants to make sure her students are studying French. Write a caption under each photo you took during your surveillance to tell what the teenagers are doing.

  1. _____   2. _____   3. _____   4. _____

     _____   _____   _____   _____

     _____   _____   _____   _____

9 Your family is going to host two French students, Alain and Camille, for the school year. Write five questions to find out what activities they do.

    1. Alain, _____ ?

    2. Camille, _____ ?

    3. Alain et Camille, _____ ?

    4. Alain et Camille, _____ ?

    5. Alain et Camille, _____ ?

10 GÉOCULTURE Choose the correct answer to each question.

_____ 1. Which of these is known as the "king of cheese"?
a. le brie   b. les éclairs   c. les escargots

_____ 2. What was a major source of inspiration for Claude Monet?
a. fountains   b. gardens   c. sculptures

_____ 3. What can you find at Le Centre Pompidou?
a. French cuisine   b. art collections   c. French gardens

_____ 4. Which of these is the name of a theme park and cartoon character?
a. Napoléon   b. Pompidou   c. Astérix

11 FLASH CULTURE You are spending the school year in Paris. Your friend Trisha has come to visit you. Answer her questions in English based on what you have learned about French culture.

1. I bought this movie pass. How many movies can I go to with it? _____

_____

2. What kinds of clubs do you belong to at school? _____

_____

3. Where do you go to hang out with your French friends? _____

_____

4. What types of music do your French friends listen to? _____

_____

12 COMPARAISONS What do you know about **football**?

_____
_____
_____
_____
_____
_____

Nom ______________________ Classe ____________ Date ____________

Qu'est-ce qui te plaît?

VOCABULAIRE 2/GRAMMAIRE 2

13 Sonia stayed up late studying and she is very sleepy. When Renaud asks what her plans are for the weekend, she gives some illogical answers. Tell which of her answers are **L** (logical) and which are **I** (illogical). Rewrite her illogical answers so that they make sense.

_____ 1. Je nage à la bibliothèque.

____

_____ 2. Marie et moi, nous étudions au centre commercial.

____

_____ 3. Je discute avec des amis au café.

____

_____ 4. Je joue au base-ball à la piscine.

____

_____ 5. Marc et moi, nous jouons aux cartes à la MJC.

____

14 Jérôme's friend Karim has hidden Jérôme's birthday present. Answer the clues, then unscramble the circled letters to discover the location of his present.

1. Where you can see the stars indoors _ _ _ _ _ _ ☐	3. Don't try this with two left feet ☐ _ _ _ _ _	5. I play this game every "knight" _ _ _ _ ☐ _ _
2. Where the "mall rats" roam _ _ _ ☐ _ _ _ _ _ _ _ _ _ _ _ _	4. This place is a real "dive" _ _ ☐ _ _ _ _ _	

Jérôme's present is hidden at the _ _ _ _ _ .

15 A new MJC is doing a survey to find out which activities they should offer. Answer the survey questions by telling how often you do each activity.

MODÈLE Tu aimes jouer au foot régulièrement? **Oui, souvent.**

1. Tu aimes jouer aux échecs régulièrement? ______________________
2. Tu nages régulièrement? ______________________
3. Tu aimes jouer au base-ball régulièrement? ______________________
4. Tu danses régulièrement? ______________________
5. Tu aimes aller au cinéma régulièrement? ______________________

16 A soccer recruiter can't remember the name of the girl he wants to ask to join his team. Figure out which girl plays soccer by reading the clues.

   1. Zoé aime aller à la piscine et à la bibliothèque. Elle déteste faire les magasins.

   2. Charlotte aime faire la fête. Elle n'aime pas aller à la bibliothèque ou aller à la piscine.

   3. Juliette n'aime pas aller à la bibliothèque. Elle préfère aller à la piscine.

   4. Les filles qui n'aiment pas aller à la bibliothèque aiment faire les magasins.

   5. La fille qui aime faire les magasins et aller à la piscine aime faire la fête.

   6. La fille qui aime aller à la piscine et à la bibliothèque n'aime pas faire la fête.

   7. La fille qui n'aime pas faire la fête aime jouer au foot.

   8. Les filles qui n'aiment pas faire les magasins aiment jouer au foot.

   The girl who plays soccer is _____.

17 Write sentences telling how well five people you know do the activities in the box. Use the expressions in parentheses in your sentences.

danser	jouer aux échecs	nager	jouer aux cartes
chanter	jouer au base-ball	jouer au football	parler français

   1. (assez bien) _____

   2. (bien) _____

   3. (très bien) _____

   4. (mal) _____

   5. (très mal) _____

18 Rate how well you do the activities according to the scale below. Then, write five sentences telling what you think about the activities.

   1 = très bien   2 = bien   3 = assez bien   4 = mal   5 = très mal

   ___ danser _____

   ___ chanter _____

   ___ nager _____

   ___ jouer aux cartes _____

   ___ parler français _____

19 Nicole likes to go places but she doesn't like to do the activities normally done at those places! Read the beginning of her conversation with her new roommate Léa, then create the rest of their conversation.

> **Léa** Tu aimes aller à la bibliothèque?
>
> **Nicole** Oui, j'aime aller à la bibliothèque, mais je n'aime pas lire!
>
> **Léa** (1) _____
>
> **Nicole** (2) _____
>
> **Léa** (3) _____
>
> **Nicole** (4) _____
>
> **Léa** (5) _____
>
> **Nicole** (6) _____

20 Your friends have sent you the following text messages, but they are incomplete. Complete their messages with the correct form of **à**.

> — Tu aimes aller (1) _____ cinéma?
> — Oui, mais je préfère aller (2) _____ piscine.

> — Je déteste jouer (3) _____ foot.
> — Moi aussi! je préfère jouer (4) _____ échecs.

> — Tu étudies (5) _____ bibliothèque?
> — Oui, mais je préfère étudier (6) _____ école.

21 In the box on the left, draw three activities you like to do and are good at. In the right box, draw three activities you do not like to do and are not as good at. Then, write about all six activities in just three sentences using **et** and **mais**.

_____

_____

_____

22 Read the article on introverts. Then, read how Victor responded to the survey and answer the questions below.

Vive les introvertis!

Les introvertis représentent seulement 25 pour cent de la population. En général, ils préfèrent la solitude plutôt que les grandes fêtes. Ils préfèrent discuter des idées et des sentiments profonds (*deep feelings*) plutôt que *(rather than)* parler pour parler. Est-ce que tu es introverti? Réponds aux questions suivantes pour savoir si tu fais partie de ce groupe d'individus très spécial.

___c___ 1. Tu aimes faire la fête…
   a. souvent   b. rarement   c. jamais

___c___ 2. Tu préfères sortir avec…
   a. un(e) amis   b. deux ami(e)s   c. Tu n'aimes pas sortir.

___c___ 3. Tu détestes…
   a. lire   b. étudier   c. danser

___c___ 4. Comme sport, tu préfères…
   a. jouer au base-ball   b. jouer au football   c. nager

___c___ 5. Tu aimes mieux…
   a. téléphoner   b. envoyer des e-mails   c. surfer sur Internet

---

Combien de fois as-tu choisi la réponse "c"?

5 = Un peu trop introverti! Pense à (*Think about*) sortir avec des amis de temps en temps.

4 = Un vrai introverti! Tu aimes rarement la compagnie d'autres personnes.

3 = Tu aimes être seul, mais tu aimes aussi la compagnie des autres.

2 = Tu es extroverti, le contraire d'un introverti. Mais tu aimes aussi la solitude.

1 = Tu préfères la compagnie des autres. Tu aimes rarement faire des activités seul.

0 = Un peu trop extroverti! Pense à faire plus d'activités seul pour enrichir la vie.

---

1. Are there more introverts or extroverts in the world? _____

2. What do introverts like to talk about? _____

3. Does the writer think it's good or bad to be an introvert? _____

4. Is Victor an introvert or an extrovert? _____

5. What advice does the writer have for Victor? _____

_____

23 Sabine and Hervé are looking at a store display window. Write four questions she might ask Hervé about his likes and dislikes, based on the items they see.

1. _____

2. _____

3. _____

4. _____

24 Madame Lambert is a sociologist studying teen behavior. Unscramble the notes she took and add any missing words.

1. adorent / ados / MJC / aller _____

_____

2. jouer / aiment / foot / parc / ils _____

_____

3. aiment / amis / sortir / ados / avec _____

_____

4. écouter / et / aiment / filles / de la musique / garçons _____

_____

5. préfèrent / école / aiment / mais / vacances / ils / ils _____

_____

25 Chloé's twin sister, Lise, often completes her sister's sentences. Match Chloé's sentence starters on the left with Lise's sentence endings on the right.

_____ 1. J'aime nager…

_____ 2. Mon ami Luc joue au foot…

_____ 3. Nous étudions le français…

_____ 4. J'adore téléphoner…

a. au lycée.
b. à mes amis.
c. au stade.
d. à la piscine.

RÉVISIONS CUMULATIVES CHAPITRE **2**

26 There are seven names of places hidden below. Locate the words, then write a short paragraph telling what you like to do at five of the places.

```
A  S  P  A  R  C  B  O  L  E  P  C
T  H  C  V  P  I  S  C  I  N  E  E
N  A  A  A  R  M  I  E  I  J  É  P
Q  A  F  A  S  T  A  D  E  Q  C  R
Y  M  É  V  É  Í  B  U  T  N  Y  N
G  É  D  E  R  A  R  J  F  Y  L  F
U  N  L  I  B  U  J  A  R  L  I  D
B  I  B  L  I  O  T  H  È  Q  U  E
I  C  C  I  O  T  H  V  Q  U  E  E
```

_____

_____

_____

27 Your classmate Brad needs help making his writing flow more smoothly. Combine each pair of sentences using **et**, **mais**, or **ou**.

1. J'aime chanter. J'aime danser. _____

   _____

2. J'aime jouer au base-ball au parc. Je préfère jouer au stade. _____

   _____

3. Est-ce que tu préfères téléphoner? Est-ce que tu préfères envoyer un SMS?

   _____

4. Je joue bien aux cartes. Je joue très mal aux échecs. _____

   _____

28 You're talking with someone who says how bad your friend is at different activities. Write a conversation in which you disagree with this person.

   _____

   _____

   _____

   _____

   _____

Comment est ta famille?

1 Jessica's French friend Sabine has never heard of these American actors. For each actor, write what she might say to describe them.

1. Halle Berry _____

2. Johnny Depp _____

3 Brad Pitt _____

4. Jamie Foxx _____

5. Nicole Kidman _____

6. Reese Witherspoon _____

2 Your best friend George has put you down for a reference on his application to work at Chez Frites. Write the words you should say (**À dire**) and should not say (**À ne pas dire**) if the manager calls to ask about George.

intelligent	**gentil**	**embêtant**	**sérieux**
paresseux	**timide**	**généreux**	**pénible**
sympa	**fort**	**méchant**	**marrant**

À dire		**À ne pas dire**	
_____	_____	_____	_____
_____	_____	_____	_____
_____	_____	_____	_____

3 You have lost your dog or cat! Write a description that will help people find him or her.

_____

_____

_____

_____

_____

VOCABULAIRE 1/GRAMMAIRE 1　　　　　　　CHAPÍTRE **3**

4 You are reading the list of people invited to your cousin Mathieu's graduation party. Write questions you would ask to find out what they are like.

1. Odette Cadet _____

2. Carole et Julie Soulier _____

3. le prof d'anglais _____

4. Monsieur et Madame Sauvage _____

5 You are working as a production assistant on a popular talk show. You have met many celebrities. Write a conversation in which your friend asks your opinion of the celebrities you have met. Choose 5 celebrities you want to discuss.

MODÈLE Comment tu trouves Johnny Depp?　　　**Je le trouve génial.**

_____

_____

_____

_____

_____

_____

_____

_____

_____

6 Help Amélie finish her sentences describing different people.

_____ 1. Joachim…

_____ 2. Vincent et Luc Giraud…

_____ 3. Emilie et Irène…

_____ 4. Lise…

_____ 5. Antonin et Hugues, vous…

_____ 6. Jules, tu…

a. sont un peu gros.
b. n'es pas très sportif.
c. est très embêtante.
d. est assez méchant.
e. sont assez paresseuses.
f. n'êtes pas sympathiques.

7 Sophie's father asks about the boys he hears her talking to on the phone. They are actually her girlfriends from school with names that sound the same for both girls and boys. Answer his questions with the names in parentheses.

   1. Ton ami René, il est sportif? (Renée)

   Oui, _____

   2. Daniel et Pascal sont intelligents? (Danielle et Pascale)

   Oui, _____

   3. Dominique n'est pas paresseux? (Dominique)

   Non, _____

   4. Gabriel est un bon élève? (Gabrielle)

   Oui, _____

   5. Michel et Marcel sont sérieux? (Michelle et Marcelle)

   Oui, _____

8 You are a pet-sitter. A new client left this picture and these scrambled descriptions. Unscramble them and write the pets' names on the picture.

   1. un / gentil / est / chien / Chouchou _____

   2. sérieux / est / Simon / chat / un _____

   3. est / chien / un / Marius / bon / _____

   4. une / est / chatte / petite / Angélique _____

   5. chat / est / Milou / grand / un _____

9 Write three sentences comparing yourself to a friend who is very different from you. Write a sentence telling one way that you and your friend are alike.

   _____

   _____

   _____

CULTURE CHAPITRE **3**

10 GÉOCULTURE Match the things to see while in Québec Province on the left with the places where you can see them on the right.

_____ 1. les caribous

_____ 2. un match de hockey

_____ 3. les Laurentides

_____ 4. le Rocher Percé

_____ 5. les mammifères marins

_____ 6. les aurores boréales

a. Le Saint-Laurent
b. Mount Cosmos Observatory
c. Le Nord du Québec
d. La Gaspésie
e. Le Nord du Montréal
f. presque partout (*almost everywhere*)

11 FLASH CULTURE You are going to spend a week in Quebec this summer and want to learn more about the culture before you go. Answer the following questions about the Québecois culture.

1. What is the most common last name in Quebec? _____

2. Since you will be there in the summer, what festival will be taking place where you can go and play soccer? _____

3. What is the official motto of Quebec? Where would you see it displayed most often? _____

4. Who is the mascot of the **Carnaval de Québec**? _____

5. What is another summer festival that you can attend?

_____

12 COMPARAISONS You are an exchange student living in France with a French family. Write a letter to your parents, in English, describing what life is like in your host home.

_____

_____

_____

_____

_____

_____

Comment est ta famille?

CHAPITRE 3

VOCABULAIRE 2/GRAMMAIRE 2

13 You have written your own autobiography and it is being made into a movie. Write the names of the actors who will play the following roles:

MODÈLE Mon père, c'est…   <u>**Bruce Willis.**</u>

1. Moi, je suis _____

2. Mon père et ma mère, ce sont _____

3. Mes frères, ce sont _____

4. Mes sœurs, ce sont _____

5. Mon (Ma) meilleur(e) ami(e), c'est _____

14 Justin is making flashcards on words for family members. Help finish his cards by writing the feminine version of the words on the cards.

1. fils	2. oncle	3. neveu	4. mari
_____	_____	_____	_____
5. cousin	6. beau-père	7. demi-frère	8. frère
_____	_____	_____	_____

15 Read the first paragraph of Corinne's autobiography and answer the questions.

> *Je m'appelle Corinne. J'ai quatorze ans. Nous sommes cinq dans notre famille. Mon père s'appelle Léon et ma mère s'appelle Marthe. J'ai un chien, Nonos. J'ai deux sœurs aussi. Je préfère mon chien! Il est gentil, mais mes sœurs, Denise et Fabienne, sont très pénibles et très différentes de moi. Elles sont grandes et blondes et moi, je suis petite et brune. Elles sont sportives et adorent le foot. Moi, je suis créative et je déteste le sport.*

1. Ils sont combien dans la famille de Corinne?

_____

2. Comment sont les sœurs de Corinne?

_____

3. Et Corinne, elle est comment?

_____

4. Est-ce qu'elle préfère son chien ou ses sœurs? Pourquoi?

_____

16 Patrick is talking on the phone to Madame Mercier, who places students with host families. Read Patrick's answers and write Mme Mercier's questions.

Mme Mercier (1) _____ ?

Patrick Nous sommes quatre.

Mme Mercier (2) _____ ?

Patrick Oui, j'ai une sœur.

Mme Mercier (3) _____ ?

Patrick Elle s'appelle Chloé.

Mme Mercier (4) _____ ?

Patrick Je n'ai pas de frère.

17 You think it might be fun to host an exchange student, too. Get ready for your interview by answering Mme Mercier's questions from Activity 16.

1. _____

2. _____

3. _____

4. _____

18 You are an undercover agent taking on the identity of one of the members of this family. Decide who you will be, then write a description of your "family."

_____

_____

_____

_____

_____

VOCABULAIRE 2/GRAMMAIRE 2

19 Brigitte has invited her friend Justine over for a family get-together. Brigitte asks Justine what she thinks of her family. Complete their conversation with the appropriate possessive adjectives.

Brigitte Alors, comment tu trouves (1) _____ (my) famille?

Justine (2) _____ (Your) famille est géniale!

Brigitte Qu'est-ce que tu penses de (3)_____ (my) cousins?

Justine (4) _____ (Your) cousins sont marrants!

Brigitte Oui, (5) _____ (their) père, (6) _____ (my) oncle, est marrant aussi.

Justine (7)_____ (Your) mère est très intelligente.

Brigitte Elle et (8)_____ (her) mari, (9) _____ (my) beau-père, sont profs.

Justine Tu as un chat et des chiens, n'est-ce pas?

Brigitte Oui, (10)_____ (my) chat est très timide, mais (11) _____ (my) chiens, Dandy et Dakla, sont gentils.

20 Complete the following paragraph with **du, de la, de l'** or **des**.

Tu es le prof. Tes élèves sont les frères Eugène et André Renard et les sœurs Olivia et Rosalie Souchet. La tante (1) _____ sœurs Souchet est l'amie (2) _____ oncle (3) _____ frères Renard. L'oncle s'appelle Richard. Le mari (4) _____ tante (5) _____ sœurs Souchet est le cousin (6) _____ père (7) _____ Richard.

21 Write complete sentences telling which members of your family have these traits.

1. marrant _____

2. sympa _____

3. sportif _____

4. intelligent _____

5. créatif _____

6. généreux _____

22 Read the article and answer the questions.

> ### Qu'est-ce qu'il faut pour devenir artiste au Cirque du Soleil?
>
> Selon (*according to*) le directeur du casting, la qualité la plus importante pour faire partie du Cirque du Soleil, c'est la créativité. Mais, ce n'est pas tout. Pour faire partie du Cirque du Soleil, il faut:
>
> - être sportif. Il est nécessaire d'avoir une excellente aptitude physique.
> - avoir du talent pour jouer un des rôles: athlète, clown, musicien, comédien ou chanteur.
> - être mince et ni grand ni petit. Les artistes donnent entre 350 et 470 représentations chaque année, alors, ils sont très forts et sont en excellente santé (*health*).
> - être intelligent, marrant et gentil; ne pas être timide.
> - L'âge moyen (*average*) est 28 ans. Le plus jeune a 5 ans et le plus âgé a 69 ans.

1. What is the most important quality for a **Cirque du Soleil** artist?

   _____

2. What are the five types of **Cirque du Soleil** artists mentioned in the article?

   _____

3. Which type of artist must also have a good sense of humor?

   _____

4. What is the average age of **Cirque du Soleil** artists?

   _____

23 Write a letter in French to the casting director of the Cirque du Soleil. Tell your name and age and talk about the personal qualities that would make you a good **Cirque du Soleil** artist.

   _____

   _____

   _____

   _____

   _____

RÉVISIONS CUMULATIVES CHAPITRE **3**

24 You are the casting director of a movie to be filmed in Québec. Look at the illustrations and write the words you will use in your ad to find actors.

1. _____ 2. _____ 3. _____ 4. _____
_____ _____ _____ _____
_____ _____ _____ _____

25 Lili has lost the kids she babysits at a department store. She is so upset she leaves out some words as she describes them to a clerk. Rewrite her sentences.

1. Véronique / cheveux blonds / yeux verts! _____
_____

2. Raphaël / petit / brun! _____
_____

3. Guy / Alexandre / grands / minces! _____
_____

4. Béatrice / Sabine / cheveux châtains / yeux bleus! _____
_____

5. Romain / Sylvestre / petits / assez gros! _____
_____

26 Your friend Yasmine watches your favorite reality TV show. She wants to know your opinion of three people on the show. Write your conversation.

Yasmine (1) _____?
Toi (2) _____
Yasmine (3) _____?
Toi (4) _____
Yasmine (5) _____?
Toi (6) _____

27 Complete the crossword puzzle with words that tell how these people are related

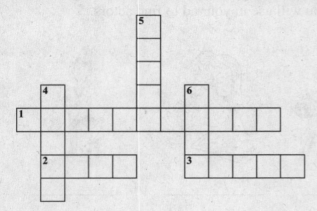

HORIZONTAL

1. La _____ de ma
   grand-mère, c'est ma sœur.

2. Le _____ de ma
   tante, c'est mon oncle.

3. La _____ de mon
   père, c'est ma tante.

VERTICAL

4. La _____ de mon
   père, c'est ma mère.

5. La _____ de ma
   tante, c'est ma cousine.

6. Le _____ de mes
   parents, c'est mon frère.

28 Valentin is a camp counselor. Some of the campers like to borrow things without asking. Write what Valentin would say to make clear who owns each item.

    MODÈLE   (la radio, Sophie)   **Ça, c'est la radio de Sophie. C'est sa radio!**

1. (bande dessinée, Lucas) _____

   _____

2. (batte, Viviane et Marine) _____

   _____

3. (baladeur, Marie) _____

   _____

4. (ballon, Théo et Thomas) _____

   _____

5. (DVD, Alex et toi) _____

   _____

Mon année scolaire

1 Write two classes your school counselor would recommend for each career.

la biologie	**la géographie**	**les arts plastiques**
la chimie	**l'histoire**	**les mathématiques**
la physique	**l'informatique**	**l'EPS**

1. pharmacist _____

2. veterinarian _____

3. accountant _____

4. travel agent _____

5. doctor specializing in sports medicine _____

2 These clocks all show Washington time. Use the time differences to write what time it is and if it is morning, afternoon, or evening in the cities indicated.

PM   AM   PM   AM

Paris: +6 hours   Tokyo: +13 hours   Vancouver: –3 hours   Montreal: same

1. _____   2. _____   3. _____   4. _____

_____   _____   _____   _____

_____   _____   _____   _____

3 Your friend Beth is excited about her first day at a **lycée** in Quebec. She tells you her schedule out of order over the phone. Rewrite it in the correct order.

Le vendredi: maths à huit heures et anglais à neuf heures. Le mardi: EPS à onze heures et physique à neuf heures et demie. Le jeudi, allemand à dix heures et chimie à deux heures. Le lundi: histoire à quatre heures et biologie à une heure. Le mercredi: sortie à midi.

_____

_____

_____

_____

_____

_____

_____

4 It's open house night at school and your parent or guardian will follow your schedule. Write complete sentences to tell when you have these classes.

1. art _____

2. français _____

3. maths _____

4. histoire _____

5. informatique _____

6. EPS _____

5 Complete the questions with three school subjects. Then, answer the questions.

1. Comment est ton cours de _____ ?

_____

2. Comment c'est, _____ ?

_____

3. Ça te plaît, _____ ?

_____

6 Write a conversation between Mélanie and Alexandre in which they ask each other what time they have these classes and their opinions of them.

Mélanie: 7:45, ☺   Alexandre: 9:50,

_____

_____

_____

_____

_____

_____

7 Match the subjects on the left with the phrases on the right.

_____ 1. Marc, tu...

_____ 2. Vous...

_____ 3. Florence...

_____ 4. Je...

_____ 5. Amélie et Kofi...

_____ 6. Madeleine et moi, nous

> a. n'entendent pas le prof.
> b. répond à la question.
> c. vendez votre ordinateur?
> d. attendons le bus.
> e. rends tes livres demain?
> f. perds toujours mes écouteurs.

8 Draw a picture of a garage sale table filled with six items you know how to say in French. Then write sentences according to the directions in parentheses.

1. (Tell which item you are selling.) _____

_____

2. (Tell which item you and a friend are selling.) _____

_____

3. (Tell which item a female classmate is selling.) _____

_____

4. (Tell which item two male classmates are selling.) _____

_____

9 Your friend Brad missed class the day verbs like **manger** and **commencer** were presented. Replace his infinitives with the correct forms of the verbs.

Ma famille et moi, nous _____(manger) beaucoup de glace. Moi, je

_____(manger) de la glace au chocolat. Mes parents

_____(manger) de la glace à la vanille. Nous _____(placer)

toujours une cerise au-dessus (*a cherry on top*) de nos glaces. Vous

_____(placer) une cerise au-dessus de votre glace aussi? Après, mes

frères et moi, nous _____(lancer) toujours les noyaux (*pits*) à nos sœurs!

Donc, elles _____(commencer) à lancer les noyaux aussi.

10 GÉOCULTURE Match the descriptions of people with the things they should experience while visiting Quebec.

_____ 1. Muriel is a pilot.

_____ 2. Alain loves to fish.

_____ 3. Lise loves pancakes.

_____ 4. Sabine is a pastry chef.

_____ 5. Christophe loves dogs.

_____ 6. Robert plays the saxophone.

a. un traîneau à chiens
b. une cabane à sucre
c. Le Festival international de jazz de Montréal
d. un cipâte de bleuets
e. la pêche blanche
f. l'International des montgolfières

11 FLASH CULTURE Select the correct answer to complete the sentences.

_____ 1. Children in Quebec begin **école maternelle** at age _____.
a. four.   b. five.   c. six.

_____ 2. Students who do not go on to college end their education after what would be _____ in the United States.
a. eighth grade   b. ninth grade   c. eleventh grade

_____ 3. The CEGEP is a kind of _____.
a. diploma.   b. nursery school.   c. college study program.

_____ 4. By law, all students in Quebec are instructed primarily in _____.
a. English   b. French   c. Inuit

_____ 5. Using the 24-hour clock, 10:00 p.m. is referred to as _____.
a. dix heures   b. vingt heures   c. vingt-deux heures

12 COMPARAISONS You have just been elected by your class to be its **délégué de classe.** Describe your rights and responsibilities, with whom you meet, and what is discussed.

_____

_____

_____

_____

_____

_____

Mon année scolaire

13 Finish Hélène's shopping list, then look for the ten school supplies in the puzzle.

1. __ __ __ Y __ __   6. __ T __ __ __
2. __ __ __ U __ __ __   7. __ I __ __ __
3. __ __ __ I __ __ __   8. __ __ __ __ __ __ __ U __
4. __ È __ __ __   9. __ __ __ __ U __ __ __ __ __ __ __
5. __ O __ __ __   10. __ __ __ __ __ __ __ __ __ __ __ E

```
D I C T I O N N A I R E C
S T H I V B T R E G L E L
O G O M M E R I E I C L A
L Q W N A L O D S W A R S
I Y M O V É U B T R H A S
V G B Y E R S R Y F I M E
R U N A I B S J L R E E U
E B L R W I E D O D R U R
C A L C U L A T R I C E B
```

14 Look around the classroom and write complete sentences in French imagining who has the following items.

1. Who has a white t-shirt and black tennis shoes?

_____

2. Who has a red backpack and a blue binder?

_____

3. Who has a yellow pencil and a pink eraser?

_____

4. Who has a green sweat-shirt and a purple notebook?

_____

15 Write out the school locker combinations.

1. 42–81–37 _____

2. 55–63–98 _____

3. 34–72–101 _____

4. 293–49–192 _____

VOCABULAIRE 2/GRAMMAIRE 2

16 Unscramble each question and then respond mentioning three school supplies.

1. besoin / l' / EPS / quoi / tu / de / as / pour / ? _____

_____

2. arts / qu'il / les / faut / pour / qu'est-ce / plastiques / te / ? _____

_____

3. mathématiques / besoin / pour / les / quoi / tu / as / de / ? _____

_____

4. pour / qu'il / te / l'/ anglais / faut / qu'est-ce / ? _____

_____

17 You have left your backpack at home. Write questions asking to borrow each of these items from a friend.

1. _____
2. _____
3. _____
4. _____

18 Draw a four-frame comic strip about two friends, one of whom is constantly borrowing things from the other. Write their words in speech bubbles.

19 Philippe is shopping for school supplies. Complete his and the salesclerk's sentences. Then, put their conversation in the right order.

_____ 1. Je n'aime pas les bleus. C'est _____ les verts?

_____ 2. À votre_____ .

_____ 3. Oh, je ne sais pas. Qu'est-ce que _____ avez?

_____ 4. Pardon, madame, je _____ un sac à dos.

_____ 5. _____ , madame.

_____ 6. _____ avons des sacs bleus et verts.

_____ 7. Ils _____ à vingt-cinq euros.

_____ 8. De quelle _____ ?

20 Choose the correct completion for each sentence.

_____ 1. Nous n'aimons pas les crayons. Nous _____ les stylos.
    a. préférons   b. préférez   c. préfèrent

_____ 2. Tu _____ le short noir ou orange?
    a. achète   b. achetons   c. achètes

_____ 3. Nicolas et Didier _____ Hamlet après la sortie aujourd'hui.
    a. répétons   b. répètent   c. répète

_____ 4. Je _____ mon chien au parc le samedi et le dimanche.
    a. promenons   b. promènes   c. promène

_____ 5. Vous _____ vos grands-parents à la fête?
    a. amenez   b. amenons   c. amènent

_____ 6. Pascale _____ avoir beaucoup d'amis dans son nouveau lycée.
    a. espère   b. espères   c. espérez

21 Write complete sentences telling which you prefer. Use the expressions **J'aime mieux** and **Je préfère** and the adjectives as nouns.

1. chiens: grands ou petits? _____

2. la glace: le chocolat ou la vanille? _____

3. baskets: les blanches ou les noires? _____

4. un sac: le bleu ou le rouge? _____

5. les profs: sérieux ou marrants? _____

6. les amis: sportifs ou créatifs? _____

22 Read the article and then tell if the statements that follow are **vrai** (*true*) or **faux** (**false**).

Ça m'énerve!

C'est la rentrée! Et non pas seulement la rentrée au lycée, mais aussi la rentrée dans les magasins pour les fournitures scolaires. Nous avons posé la question suivante à des élèves: « Quelle est ta bête noire (pet peeve) quand tu fais tes achats pour la rentrée?» Voici leurs réponses:

Ce qui m'énerve *(what bothers me)*, c'est le nombre de choses il faut acheter: des livres, des cahiers, des classeurs, des stylos, et beaucoup d'autres trucs. Je préfère acheter des CD!
Hugo

Moi, je n'aime pas faire les magasins avec ma mère. C'est pénible. Si j'aime un sac bleu, ma mère aime le rouge. Mais, c'est ma mère qui achète mes fournitures, alors, c'est elle qui décide!
Solène

Je déteste les vendeurs qui posent beaucoup de questions: «Qu'est-que vous cherchez? De quelle couleur? Le blanc ou le gris? Le grand ou le petit?» Je préfère chercher mes fournitures moi-même *(myself)*.
Annick

Je n'aime pas acheter, par exemple, une calculatrice, parce que quand j'arrive en classe, ce n'est pas exactement la calculatrice dont j'ai besoin. Alors, il faut retourner au magasin pour l'échanger.
Daniel

_____ 1. Hugo dislikes having to buy books and CDs for school.

_____ 2. Solène's mom lets her choose the colors of her supplies.

_____ 3. Annick doesn't like pushy salespeople.

_____ 4. Daniel hates bringing back items that he does not need.

_____ 5. All the teens mention one thing they do like about shopping.

RÉVISIONS CUMULATIVES   CHAPITRE **4**

23 You are an actor. You heard that they are remaking the following movies. Match each movie to the class you would take to get ready for the audition.

_____ 1. *Dr. Jekyll and Mr. Hyde*

_____ 2. *Rocky*

_____ 3. *Dr. Doolittle*

_____ 4. *La Bamba*

_____ 5. *Robocop*

_____ 6. *Around the World in 80 Days*

> a. l'EPS
> b. l'espagnol
> c. la géographie
> d. la chimie
> e. la biologie
> f. l'informatique

24 In French, write a paragraph about your favorite class. Tell the days you have it and at what time. Then, give your opinion of the class and tell what the teacher is like.

_____

_____

_____

_____

25 Write Béatrice's questions based on the responses made by Félix about his classes.

Béatrice _____

Félix Le jeudi. C'est ma matière préférée. J'adore dessiner.

Béatrice _____

Félix À dix heures? J'ai biologie.

Béatrice _____

Félix Le lundi et le vendredi. C'est difficile. Je déteste les ordinateurs!

Béatrice _____

Félix À huit heures. Nous commençons à lire *Roméo et Juliette*.

Béatrice _____

Félix Le mardi et le jeudi. Maintenant, j'étudie pour l'examen sur la révolution française.

Béatrice _____

Félix C'est jeudi. J'espère avoir une bonne note (*get a good grade*).

26 Write the school supply that doesn't belong with the other two because of meaning.

1. crayon, stylo, feuille de papier _____

2. règle, calculatrice, portable _____

3. trousse, gomme, short _____

4. taille-crayon, livre, dictionnaire _____

5. baskets, short, mobile _____

27 A teacher at a summer music camp is explaining the rules and procedures. Unscramble the words to make sentences. Use the correct forms of the verbs.

1. ne / les / manger / pas / la / salle / de / élèves / classe / dans _____

_____

2. à / matin / sept / travailler / nous / à / heures / commencer / du _____

_____

3. préférer / stylo / les / je / examens / avec / corriger / un / bleu _____

_____

4. livres / acheter / lycée / magasin / vos / au / vous / du _____

_____

5. le / répéter/ vendredi / mardi / lundi / nous / jeudi / et / le / le / le _____

_____

6. élève / n' / pas / classe / son / un / mobile / en / bon / amener _____

_____

28 Write a conversation between yourself and a salesperson in which you ask for help finding a tee-shirt and ask its price.

_____

_____

_____

_____

_____

_____

_____

Le temps libre

1 Sabine collects autographs of people who excel at activities she enjoys. Read the autographs and list the activities they share with Sabine.

_____

_____

_____

_____

_____

2 Read the descriptions and choose the best activity for each person.

_____ 1. Julien is always tapping his pencil on his desk.
a. jouer de la batterie   b. faire du théâtre   c. jouer de la guitare

_____ 2. Aurélie has excellent balance and loves the beach.
a. jouer au volley   b. faire du surf   c. faire du jogging

_____ 3. Thierry loves the mountains, especially in the winter.
a. jouer au hockey   b. faire du ski   c. faire du patin à glace

_____ 4. Martine enjoys scrapbooking.
a. faire de l'aérobic   b. faire du surf   c. faire de la photo

_____ 5. Sébastien can run faster than anyone at his school.
a. faire de l'athlétisme   b. faire du ski   c. Et vous?

3 Unscramble the months that go with each gem stone.

1. la turquoise : R E C E M É B D   _____

2. l'améthyste : É R R F I V E   _____

3. l'opale B R O C O T E   _____

4. l'aigue-marine : A S R M   _____

5. l'émeraude : A M I   _____

6. le saphir : M E P S T E R E B   _____

7. la perle : U N I J   _____

8. le grénat : R A J V I N E   _____

9. le rubis : U L I J E T L   _____

10. le diamant : I V A L R   _____

11. le péridot : O T A Û   _____

12. la topaze : R E V E M N O B   _____

4 Pascale is discovering that Corinne, her cabin mate at summer camp, is a real couch potato! Unscramble their conversation.

_____ — Si tu ne fais pas de sport, qu'est-ce que tu fais pour t'amuser?

_____ — Non, je n'ai pas de vélo.

_____ — Mais tout le monde (*everyone*) fait du sport! Est-ce que tu joues au tennis?

_____ — Euh, comme sport? Je ne fais pas de sport.

_____ — Non, je n'ai pas de raquette.

_____ — Est-ce que tu fais du vélo?

_____ — Alors, Corinne, qu'est-ce que tu fais comme sport?

_____ — Je joue à des jeux vidéo et je regarde la télé.

5 Answer the questions using complete sentences.

1. Qu'est-ce que tu fais comme sport en été?

   _____

2. Qu'est-ce que tu fais pour t'amuser en hiver?

   _____

3. Est-ce que tu joues au volley?

   _____

4. Est-ce que tu fais du surf ?

   _____

6 Look at the pictures your pen pal sent you and write four questions to find out when she does each activity. Vary your questions.

1. _____ 2. _____ 3. _____ 4. _____

   _____   _____   _____   _____

VOCABULAIRE 1/GRAMMAIRE 1   CHAPITRE **5**

7 Nicki wants to visit her pen pal Brigitte in Quebec during winter break. Complete their conversation.

Nicki   Qu'est-ce que tu (1)_____ en hiver à Québec?

Brigitte   Bon, moi, je ne (2) _____ pas de ski, mais mes amis Richard

et Alain, ils (3) _____ du ski. Mes amies Véronique, Chloé et

moi; nous (4) _____ du jogging.

Nicki   Vous (5)_____ du jogging en hiver à Québec?!

Brigitte   Oui, c'est génial! Nous aimons (6) _____ du vélo aussi.

8 Read where the following teens live and write a sentence telling two activities, one that uses the verb **faire** and one that uses **jouer**, that they are likely to do.

1. (Nailani, Honolulu) _____

_____

2. (Christian et Philippe, Aspen) _____

_____

3. (Michel, New York)_____

_____

4. (Mélanie, Hollywood) _____

_____

9 Your French cousin Thérèse is staying with your family for the summer. Answer her questions.

> 1. Qu'est-ce qu'on fait en été? 2. En quelle saison est-ce que tu fais du vélo? 3. Où est-ce qu'on fait du jogging? 4. À ton école, qui fait du skate-board? 5. Comment sont tes amis? 6. Avec qui est-ce que tu aimes aller au cinéma?

1. _____
2. _____
3. _____
4. _____
5. _____
6. _____

CULTURE   CHAPITRE **5**

10 GÉOCULTURE Choose the correct answers to the following questions.

_____ 1. Quand est-ce que les Bretonnes portent la coiffe aujourd'hui?
    a. pour les fêtes   b. pour l'abbaye   c. pour l'école

_____ 2. Où est le pont de Normandie?
    a. au Havre   b. à Carnac   c. aux Sept-Îles

_____ 3. Pourquoi les habitants de Carnac ont dressé des pierres?
    a. pour une abbaye   b. pour les fêtes   c. pour des raisons mystérieuses

_____ 4. Villandry est connu pour…
    a. ses marées.   b. ses jardins.   c. ses oiseaux.

_____ 5. Pendant les grandes marées, le Mont-Saint-Michel devient…
    a. une abbaye.   b. un menhir.   c. une île.

11 FLASH CULTURE You are riding the **métro** in Paris and you overhear some American tourists make the following statements. Write sentences to clear up their misunderstandings.

1. Let's not go to the soccer game. The temperature is only going to be 22°C!

    _____

2. Don't forget to yell **"Allez les verts!"** when the French team scores.

    _____

3. We could go to the **randonnée du vendredi** and watch people play hockey.

    _____

4. Did you know that in Nantes the high school mascot is a canary?

    _____

12 COMPARAISON You and your friend Hallie are spending the school year in France. Hallie loves soccer and is disappointed that there is no school team. Write a conversation in which you explain why there is no school team and what her options are.

_____

_____

_____

_____

_____

_____

_____

VOCABULAIRE 2/GRAMMAIRE 2   CHAPITRE **5**

13 Solve the crossword puzzle with the names of places.

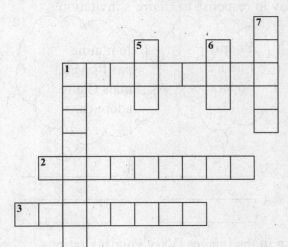

HORIZONTAL
1. Il y a des ordinateurs ici (*here*).
2. Où on fait du patin à glace.
3. On fait du ski à la _____ .

VERTICAL
1. En automne, j'aime faire de la photo à la _____ .
5. L'océan s'appelle aussi la _____ .
6. Pour nager en été, on va à la piscine ou au _____ .
7. On chante à l'_____ .

14 Write two sentences for each city, telling what the weather is like there today.

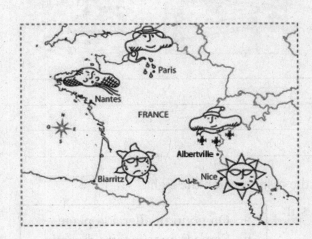

1. Paris: _____

_____

2. Nice: _____

_____

3. Biarritz: _____

_____

4. Nantes: _____

_____

5. Albertville: _____

_____

15 Write what the weather is usually like in your city in each of these months.

1. janvier _____

2. avril _____

3. juillet _____

4. octobre _____

16 Claire has invited four of her friends to the opera. Read what each person thinks, then write what they will most likely say in response to Claire's invitation.

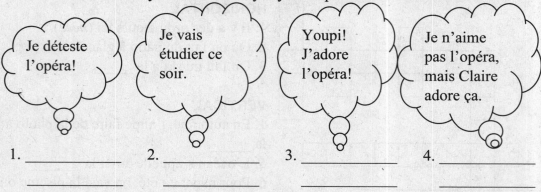

Je déteste l'opéra!

Je vais étudier ce soir.

Youpi! J'adore l'opéra!

Je n'aime pas l'opéra, mais Claire adore ça.

1. _____

2. _____

3. _____

4. _____

17 Invite a friend to go to the places shown in the images. Vary your invitations.

1. _____

2. _____

3. _____

4. _____

18 Match the questions on the left with the responses on the right.

_____ 1. Qu'est-ce que tu vas faire s'il neige?

_____ 2. Avec qui est-ce que tu joues au tennis?

_____ 3. Où ça?

_____ 4. Tu vas faire quoi ce week-end?

_____ 5. Qu'est-ce qu'on fait vendredi?

a. On pourrait aller à la plage.
b. Samedi, je vais faire du patin, dimanche, rien de spécial.
c. Je vais faire du ski.
d. Au club de tennis.
e. Avec Chantal.

19 Jen is working as an **au pair** for the Mercier family who loves to travel in the summer. Complete Jen's postcard to her friend with the correct forms of **aller**.

> Salut, Rachel!
>
> Maintenant, nous sommes dans l'Ouest de la France. Aujourd'hui les Mercier et moi, nous (1) _____ visiter le Mont-Saint-Michel. Demain, Madame et Monsieur Mercier (2) _____ aller visiter un château qui s'appelle Villandry. Moi, je (3) _____ aux Sept-Îles avec Christine, leur fille, pour voir des oiseaux. Leur fils, Jacques, il (4) _____ à Saumur pour voir des maisons troglodytes avec son oncle Alfred. Alors, qu'est-ce que tu (5) _____ faire pour les vacances d'été? Ta famille et toi, vous (6) _____ voyager?
>
> Écris-moi vite!
>
> Jen

20 Write complete sentences telling where these people will most likely go today. Use the pronouns in parentheses in your sentences.

1. Romain aime les animaux. (Il)_____

   _____

2. Jérôme et Sabine aiment jouer au volley à la plage. (Ils) _____

   _____

3. Léa et moi, nous aimons dessiner. (Vous)_____

   _____

4. Hélène et toi, vous aimez jouer au hockey. (Nous) _____

   _____

21 It's early spring and tomorrow is Saturday. Write where you are going to go if you have the following weather.

1. Il pleut. _____

2. Il neige. _____

3. Il fait beau. _____

4. Il fait chaud. _____

5. Il y a du vent. _____

22 Read Randi's blog and forum comments and answer the questions that follow.

Permettez-moi de me présenter: Je m'appelle Randi et c'est mon blog sur mon séjour en France. Je suis en vacances avec ma famille à Briançon. C'est un petit village dans les Alpes. Mon idée? Euh,… non! Moi, j'adore la mer et la plage. À San Diego, je fais souvent du surf et je joue au volley avec mes amis. Mais, ici à Briançon, il fait froid et il neige et il n'y a rien à faire!

FORUM

— Randi, je n'ai pas de pitié pour toi! Un mois dans les Alpes? Arrête de pleurnicher (*Quit whining*)! ---Hugues

— Hugues, je vais pleurnicher si j'ai envie de pleurnicher! ---Randi

— Randi, est-ce que tu fais du ski? ---Solange

— Non, je ne sais pas comment. ---Randi

— C'est super-cool! Samedi, mes amis et moi, nous allons à une station de ski près de (*near*) Briançon. Tu viens? ---Solange

— Je ne sais pas. C'est difficile, faire du ski? ---Randi

— Non! C'est très facile! ---Solange

— Randi, n'écoute pas Solange! Faire du ski, c'est difficile! Tu as envie de faire du patin avec moi et mon amie Isabelle? ---Léon

— Je ne fais pas de patin à glace, mais je fais du roller, alors, ça va être plus facile. D'accord! Bonne idée. ---Randi

1. How does Randi respond to Hugues's comment? _____

   _____

2. What does Randi want to know about skiing? _____

   _____

3. Does Léon agree or disagree with Solange? _____

4. What activity does Randi decide to do? _____

23 Write your own comment to add to the forum on Randi's blog.

   _____

   _____

   _____

RÉVISIONS CUMULATIVES   CHAPITRE **5**

24 Complete Annick's questions, then write a complete sentence in response.

1. Qu'est-ce que tu _____ sport?

_____

2. Est-ce que tu _____ jeux vidéo?

_____

3. Est-ce que tu _____ guitare?

_____

4. Est-ce que tu _____ hockey?

_____

5. Est-ce que tu _____ photo?

_____

25 You're helping check out books at the library. Look at the cover of each student's book and write a question you might ask about the student's interests.

 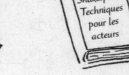  

1. _____   2. _____   3. _____   4. _____

_____   _____   _____   _____

26 Write questions using the elements below.

1. t'amuser / faire / qu'est-ce que / tu / pour _____

_____

2. de / faire / vous / l'athlétisme / est-ce que _____

_____

3. nous / aujourd'hui / est-ce que / l'aérobic / faire / de _____

_____

4. faire / Sophie et Anne / est-ce que / skate / du _____

_____

5. comme / Clément / sport / faire / qu'est-ce que _____

_____

Holt French 1   **49**   Cahier d'activités

RÉVISIONS CUMULATIVES   CHAPITRE **5**

27 Solve the puzzle by figuring out the missing months in each row and column.

SUDOKU des mois français

jan.	fév.	mars	avril	mai	juin	juil.	août	sept.	oct.	nov.	déc.
1.	juin	7.	juil.	jan.	fév.	19.	déc.	avril	nov.	31.	mai
juin	jan.	juil.	10.	mars	16.	mai	sept.	août	28.	déc.	34.
2.	déc.	jan.	mars	13.	mai	nov.	fév.	25.	juil.	avril	août
sept.	mars	fév.	11.	oct.	août	20.	avril	juil.	29.	mai	nov.
3.	oct.	juin	mai	14.	jan.	avril	22.	nov.	août	fév.	35.
fév.	4.	mai	juin	nov.	17.	sept.	jan.	26.	déc.	août	avril
déc.	sept.	8.	août	fév.	oct.	21.	nov.	mars	mai	32.	juil.
mai	5.	oct.	nov.	15.	déc.	mars	23.	jan.	fév.	sept.	36.
nov.	avril	août	12.	juin	sept.	oct.	mai	27.	mars	juil.	jan.
août	6.	déc.	oct.	juil.	18.	fév.	juin	mai	30.	jan.	mars
avril	mai	9.	sept.	août	juil.	juin	24.	déc.	jan.	33.	fév.

1. _____   13. _____   25. _____

2. _____   14. _____   26. _____

3. _____   15. _____   27. _____

4. _____   16. _____   28. _____

5. _____   17. _____   29. _____

6. _____   18. _____   30. _____

7. _____   19. _____   31. _____

8. _____   20. _____   32. _____

9. _____   21. _____   33. _____

10. _____   22. _____   34. _____

11. _____   23. _____   35. _____

12. _____   24. _____   36. _____

28 Write an e-mail inviting a friend to do two different activities this Saturday, one
activity if the weather is nice and a back-up activity in case the weather is bad.

_____

_____

_____

_____

Bon appétit!

1 Solve the clues to the items on the list, then unscramble the circled letters to figure out the mystery item.

1. Buy this item if you have enough "dough."

__ __ __ __ __ __ (__) __

2. This baked item is pointy at both ends.

__ (__) __ __ __ __ __ __

3. Eat this item with a bowl and spoon.

__ __ (__) __ __ __ __ __

4. This fruit is very "appealing."

(__) __ __ __ __ __

5. A great item to have when you're in a "jam."

__ __ __ __ (__) __ __ __ __

6. Some people sprinkle sugar on this sour fruit.

__ __ __ __ __ __ __ __ __ __ (__) __

Mystery item: __ __ __ __ __

2 Draw a place setting and label the following items: tablecloth, napkin, plate, knife, fork, spoon, glass, cup, bowl.

3 Claire loves American breakfasts, while Julien prefers French breakfasts. Write how they would respond to these questions.

1. Julien, tu veux du bacon? _____

2. Claire, encore des œufs? _____

3. Julien, tu reprends du chocolat? _____

4. Claire, tu veux un croissant? _____

5. Julien, encore une tartine? _____

4 Regarde les illustrations et écris une conversation entre Lise et Luc.

Lise (1) _____ ?

Luc (2) _____

Lise (3) _____ ?

Luc (4) _____

5 Your friend Claude wants to be a chef and is trying out his recipes on you. Read the ingredients he used to make each item and respond to his questions.

1. (sardines, céréales, fraises) Elle est bonne, la confiture?

_____

2. (chocolat, lait, vanille) Comment tu trouves le chocolat chaud?

_____

3. (bacon, lard, raisins) Elle est comment, la baguette?

_____

4. (chocolat, beurre) Il est bon, le croissant?

_____

6 Ton ami et toi, vous allez dans un café. Regarde les illustrations et pose des questions sur les boissons proposées.

1. _____   2. _____   3. _____   4. _____

_____   _____   _____   _____

VOCABULAIRE 1/GRAMMAIRE 1

7 Alex is staying at a French hotel for the first time. Use **un, d', de, du, de la, de l'**, or **des** to complete the phone conversation he had ordering a room service breakfast.

Alex	Allô? Ici, c'est Alex Jones. Je voudrais commander (1)_____ petit-déjeuner.
L'employée	Qu'est-ce que vous voulez?
Alex	J'aimerais (2)_____ œufs… Euh, pardon, comment dit-on "scrambled" en français?
L'employée	Je regrette. Nous n'avons pas (3)_____ œufs brouillés.
Alex	Oh. Alors, je voudrais un croissant.
L'employée	Avec (4)_____ beurre ou (5)_____ confiture?
Alex	Avec (6)_____ bacon, s'il vous plaît.
L'employée	Je regrette. Nous n'avons pas (7)_____ bacon.

8 It's your birthday! Your family wants to serve you breakfast in bed. Draw your breakfast on the tray. Then write sentences telling what you would like to have.

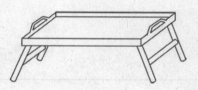

_____

_____

_____

_____

_____

9 Complete the notes Marc took during a study he and his friends took part in to find out which breakfast cereals make people gain and lose weight.

Jour 1: Mathilde (1) _____ (choisir) *Puffs*

Pamplemousse. Je (2) _____ (choisir) *Monsieur*

Chocolat. Quentin et Lucas (3) _____ (choisir) *Monsieur*

Chocolat aussi. Quentin, Lucas et moi, nous (4) _____

(finir) nos bols de céréales. Mathilde ne (5) _____

(réussir) pas à finir son bol de *Puffs Pamplemousse.*

Jour 5: Mathilde nous demande: «Vous (6) _____

(grossir)?» C'est vrai. Nous (7) _____ (grossir). Mathilde,

elle (8) _____ (maigrir).

53

10 GÉOCULTURE   Read the statements and tell if each one is **vrai** (*true*) or **faux** (*false*).

_____ 1. **La tapisserie de Bayeux** tells the story of Jeanne d'Arc.

_____ 2. Normandy is important historically for both French and American citizens.

_____ 3. **Le château de Chambord** is an example of a fortified city.

_____ 4. **Le pont-l'évêque** is a bridge found in Normandy.

_____ 5. **La Route du Rhum** is a famous car race.

11 FLASH CULTURE   Draw humorous cartoons to illustrate French table etiquette: proper hand placement, the right amount of food to leave on your plate, correct use of a knife and fork, and how to show that you are finished.

12 COMPARAISON   A French family has invited you over for a formal French dinner at 7:00. You told your friend Brandon that you would meet him at the movies at 8:10, right after dinner. You call him at 8:30 telling him that you're still at the dinner table, just finishing the appetizer! Write what you will say next time you see your friend to explain why the dinner took so long.

_____

_____

_____

_____

_____

_____

_____

VOCABULAIRE 2/GRAMMAIRE 2

13 Aide Xavier à écrire son nouveau menu. Place chaque plat sous la bonne catégorie.

le poulet	le sandwich au fromage	le steak	la pizza au fromage
la salade	le croque-monsieur	les légumes	le porc
le riz	le sandwich au jambon	le pain	la quiche au jambon
les pâtes	la pizza au saucisson	le poisson	la quiche au fromage

Végétarien   **Non végétarien**

_____ _____   _____ _____

_____ _____   _____ _____

_____ _____   _____ _____

_____ _____   _____ _____

_____ _____   _____ _____

14 Dis si chaque phrase est **logique (L)** ou **illogique (I).**

_____ 1. Pour le dîner j'aimerais du poisson.

_____ 2. Je prends une omelette pour le déjeuner.

_____ 3. Pour le petit-déjeuner, je prends des pâtes.

_____ 4. Nous avons des sandwichs au saucisson pour le déjeuner.

_____ 5. Je vous recommande le croque-monsieur pour le petit-déjeuner.

15 Ton amie, Tina, veut savoir si tu es prêt(e) à aller manger dans un restaurant français. Réponds à ses questions.

1. How do you ask for the menu? _____

_____

2. What do you say to ask the waiter for advice? _____

_____

3. How do you ask what they have for sandwiches? _____

_____

4. What is one way to ask for a steak? _____

_____

5. What is another way to ask for a steak? _____

VOCABULAIRE 2/GRAMMAIRE 2   CHAPITRE **6**

16 Complète les phrases et remets la conversation dans le bon ordre.

_____ Nous _____ des croque-monsieur excellents.

_____ Vous _____ autre chose?

_____ Euh, non. Qu'est-ce que vous me _____?

_____ Un _____, s'il vous plaît. Vous

                _____ choisi?

_____ Super, je vais _____ un croque-monsieur.

_____ Oui, _____ -moi un coca.

_____ La _____, s'il vous plaît!

17 Anne, Jacques and Odile just ate at the restaurant where their friend Marine started working. Marine left out some of the numbers on their checks. Use the numbers that are there to answer the questions in complete sentences.

Poulet 10 €	Steak	Steak
Riz 4 €	Riz	Riz
Coca	Légumes 3 €	Légumes
Total 16 €	Total 20 €	Total
Merci, Anne!	Merci, Jacques!	Merci, Odile!

1. C'est combien, le coca? _____

2. C'est combien, le steak? _____

3. C'est combien, les légumes? _____

4. L'addition d'Odile, ça fait combien? _____

18 Unscramble the sentences. Then, tell if each would be said by a customer (**C**) or a server (**S**).

_____ 1. la / c'est / quiche / combien _____

_____ 2. oui / entendu / madame / bien _____

_____ 3. fait / monsieur / ça / combien _____

_____ 4. compris / que / service / est-ce / le / est _____

_____ 5. monsieur / tout / oui / suite / de _____

19 Antoine est serveur dans un restaurant et il connaît très bien ses clients. Il peut même finir leurs phrases.

_____ 1. Je…

_____ 2. Magali et Richard, vous…

_____ 3. Daniel…

_____ 4. Juliette et moi, nous

_____ 5. Victor et Vincent, ils

> a. prennent le porc.
> b. prenons la pizza.
> c. prenez la quiche.
> d. prend le poisson et la salade.
> e. prends le poulet et le riz.

20 You and your best friend are eating dinner with your family at a steakhouse that also serves chicken and fish. Write at least two items the following people will most likely order. You may write about an imaginary family if you prefer.

1. (Ton père)_____

_____

2. (Ta mère) _____

_____

3. (Tes grands-parents)_____

_____

4. (Ton ami[e] et toi) _____

_____

21 Complete the manager's note to her employees using the imperative.

Tout va très bien, mais il y a des problèmes:

1. Luc, _____ (apprendre) bien la carte!

2. Sophie et Rachel, ne _____ (manger) pas au travail.

3. Paul, _____ (finir) tes devoirs avant de venir au travail.

4. Marie, _____ (écouter) bien les clients.

5. Hugues, _____ (faire) les additions correctement.

6. _____ (travailler) ensemble, vous et moi, d'accord?

22 Read the reviews of Gaston's new restaurant Capitaine Gaston, then choose the correct response to each question.

Un repas incroyable !

Il y a seulement un mot pour décrire la cuisine de Capitaine Gaston : délicieuse ! Je vous recommande tous les plats de poisson, surtout le saumon Gaston avec ses légumes grillés. Je vous déconseille le Poulet Polly au riz. Il n'est pas bon du tout. Attention : Amenez avec vous votre sens de l'humour, car tous les serveurs jouent des rôles de pirate. Si vous ne finissez pas votre repas, vous allez être forcé de passer par-dessus bord ! À l'eau! Je suis encore un peu mouillé !
— Michel Rocher

Un concept bizarre

Des serveurs pirates ? Un chef dans le rôle de capitaine des pirates ? Je vais au restaurant pour manger, pas pour un spectacle ridicule ! Mais, je dois admettre que la cuisine est excellente. Le Poulet Polly au riz est vraiment bon. — Raphaël Dupont

---

Amusant, mais peu satisfaisant

J'aime les pirates et j'adore le concept du restaurant Capitaine Gaston. Mais la cuisine est vraiment mauvaise. Le poulet au sirop de menthe ? Pas bon du tout, en fait, horrible !
— Laure Beauchamp

_____ 1. What kind of food does Capitaine Gaston mainly serve?
    a. steak   b. chicken   c. seafood

_____ 2. Which dish does Michel Rocher recommend?
    a. the lobster   b. the salmon   c. the chicken

_____ 3. What does Raphaël Dupont dislike about the restaurant?
    a. the food   b. the servers   c. the pirate theme

_____ 4. What would Laure Beauchamp most likely say about the chicken dish?
    a. Excellent!   b. Disgusting!   c. Not bad at all!

_____ 5. Which reviewer had to "walk the plank"?
    a. Rocher   b. Dupont   c. Beauchamp

23 Écris un article sur un restaurant de ta ville.

_____

_____

_____

RÉVISIONS CUMULATIVES

24 Quel est l'intrus?

    MODÈLE   le beurre   la confiture   le lait   <u>**le lait**</u>

1. les œufs   la baguette   le croissant   _____
2. une banane   le bacon   un pamplemousse   _____
3. le sel   la fourchette   le poivre   _____
4. le verre   la tasse   la serviette   _____
5. le bol   la cuillère   la fourchette   _____

25 Write questions you would ask to offer the following people something to eat or drink.

1. (Sylvie is on a fruit-only diet.) _____

    _____

2. (Marius and Émilie have a sweet tooth.) _____

    _____

3. (Joséphine is training for a hard-boiled-egg-eating competition.) _____

    _____

4. (Renaud spends a lot of time at sidewalk cafés.) _____

    _____

5. (Annette loves any kind of food.) _____

    _____

26 You have taken your French friends to an American all-you-can-eat buffet and you all took more than you could finish. Complete the sentences using **finir** to tell the foods you and your friends do not finish.

    1.   2.   3.   4.   5.

1. Moi, je _____
2. Martine et moi, nous _____
3. Charlotte, elle_____
4. Sébastien et Serge, ils _____
5. Julie et Viviane, vous_____

RÉVISIONS CUMULATIVES   CHAPITRE **6**

27 Some food items on a menu came out with extra letters at the printers. Cross out the three extra letters in each word to reveal the food items.

Plat principal		Plat d'accompagnement	
1. RPOSUVLET PATRICE	8,00€	5. FLEJGUMERS	3,50€
2. SBTEXAMK ALBERT	9,50€	6. SPAGTELS	4,00€
3. PLOQISTSON SURPRISE	7,00€	7. SNAPLAMDE	2,50€
4. SPOTRDC FLORENTINE	7,50€	8. DRILAZ	3,00€

28 Complète la conversation avec la forme correcte du verbe **prendre**.

Nicolas   Qu'est-ce que tu (1) _____ Lisa?

Lisa   Je ne suis pas sûre… Anthony et Chloé, qu'est-ce que vous (2)

_____ ?

Chloé   Nous (3) _____ une pizza.

Lisa   Bonne idée. Anthony et Chloé, ils (4) _____ une

pizza. (5) _____ une pizza aussi!

Nicolas   (6) _____ une pizza si tu veux. Moi, je (7) _____

un steak.

Lisa   D'accord. Je vais (8) _____ une petite pizza.

29 You're at a vegetarian restaurant that only recently started serving meat dishes, too. Write a conversation in which you order a vegetarian dish and a meat dish. The server asks you what you think of the dishes and you give him your opinion.

_____

_____

_____

_____

_____

_____

_____

_____

On fait les magasins?

CHAPITRE **7**

VOCABULAIRE 1/GRAMMAIRE 1

1 Complète la liste de vêtements que Francine va emporter et ensuite retrouve les mots dans la grille.

1. __ __ B __
2. __ __ __ M __ __ __ __ __
3. __ __ P __
4. __ __ __ L __ __ __ __
5. __ O __ __ __ __ __

6. __ H __ __ __ __ __ __
7. __ __ __ D __ __ __ __ __
8. __ M __ __ __ __ __ __ __ __
9. __ H __ __ __ __ __ __ __ __
10. __ __ __ A __ __ __ __ __ __ __

```
R I C T B O T T E S R E J
E C H A U S S E T T E S U
I G A M M V É M R E P M P
S Q P N A L O D S W A L E
I Y E L B A É M R E P M I
M S A N D A L E S F B M E
E U U A I B S J L R O B E
H B L F O U L A R D R U R
C C H A U S S U R E S E B
```

2 Fais une liste de trois vêtements que tu vas porter dans les situations suivantes.

1. Iditarod sled-dog race (Anchorage, AK) _____
_____

2. Cannes Film Festival (Cannes, France) _____
_____

3. World Surfing Championships (Oahu, HI) _____
_____

4 Bumbershoot Music Festival (Seattle, WA) _____
_____

3 Complete the sentences with the material from which each item is usually made.

1. J'achète un pull en _____

2. Jérôme porte une cravate en _____

3. Nous avons des chaussures en _____

4. Lise porte un tee-shirt en _____

4 Complète la conversation entre Muriel et l'employé d'un magasin pour animaux.

cuir	aider	quelque	mettre
fait	serrés	essayer	taille

L'employé Je peux vous (1) _____ ?

Muriel Oui, je voudrais (2) _____ chose pour mon

chien. Dis «bonjour» César! Une veste, peut-être.

L'employé Quelle (3) _____ fait-il?

Muriel Il (4) _____ du 8, je suppose.

L'employé Vous aimez cette veste en (5) _____ ?

Muriel C'est bien large! J'aime ça. Il n'aime pas les vêtements

(6) _____ . Il peut

(7) _____ la veste? C'est super! Vous avez une

écharpe pour (8) _____ avec la veste?

5 Comment est-ce que tu réponds à la question **«Je peux vous aider?»** dans les situations suivantes.

1. (Tomorrow is your grandmother's birthday)

   _____

2. (You want to make sure some pants fit before you buy them.)

   _____

3. (You're meeting a friend and you're just killing some time by browsing.)

   _____

4. (You found some great shoes, but they're brown and you want black ones.)

   _____

6 Ton ami(e) essaie des vêtements très à la mode, du style «clown chic». Écris votre conversation.

_____

_____

_____

_____

_____

7 Your friends hate to shop, so each person gave you money to buy two items of clothing for them. Write complete sentences telling two items you will buy for each person so that you spend exactly what each person gave you.

MODÈLE (Luc : 42,50 €) <u>**Pour Luc, j'achète ces bottes et cette chemise.**</u>

    17,50 €   25,00 €   44,50 €   10,25 €

1. (Sergio : 62,00 €) _____

2. (Julien : 54,75 €) _____

3. (Lucas : 27,75 €) _____

4. (Théo : 69,50 €) _____

8 Complète les phrases et remets la conversation en ordre.

1. _____ Ah, non! Elle est horrible!

   _____ _____ robe-ci.

   _____ _____ robe?

   _____ J'aime _____ robe.

2. _____ _____ bottes?

   _____ Regarde _____ bottes!

   _____ Elles sont élégantes!

   _____ _____ bottes-là.

3. _____ Il me va _____ pull?

   _____ Il te va très bien!

   _____ _____ pull-ci.

   _____ _____ pull?

4. _____ Ils sont un peu tape-à-l'œil!

   _____ J'achète _____ costumes.

   _____ _____ costumes?

   _____ _____ costumes-ci. Tu les aimes?

9 Your favorite actor or actress has invited you to the Oscar® awards. Write a paragraph telling whom you are going with and what you will wear.

_____

_____

_____

10 GÉOCULTURE Choose the correct completion to each sentence.

_____ 1. Le baobab is a type of
   a. fish.   b. tree.   c. religion.

_____ 2. The capital of Sénégal is
   a. Dakar.   b. Saint-Louis.   c. Touba.

_____ 3. **Le lac Retba** gets its color from
   a. birds.   b. fish.   c. micro-organisms.

_____ 4. **Le parc national du Niokolo Koba** is a nature preserve for
   a. migrating birds.   b. threatened animals.   c. endangered fish.

_____ 5. The oldest French city in western Africa is
   a. Saint-Louis.   b. Dakar.   c. Kaolack.

11 FLASH CULTURE Complete the conversation between you, your friend, and a salesclerk in Dakar.

L'homme Je peux vous montrer ces chemisiers batiks?

Lauren What's that?

You (1) _____

Lauren Yes, please. I'd like to try one on.

L'homme Voyons, vous faites du 38?

Lauren Did he say thirty eight? I am *not* a size 38! I am a size 6!

You (2) _____

Lauren Oh! Okay! (tries on a shirt) I like it! How much is it?

L'homme C'est 10.000 CFA.

Lauren Did you say *10,000*? I don't have that kind of money!

You (3) _____

Lauren Oh! Well, I only have ten dollars. Thank you, anyway!

You (4) _____

Lauren Oh! Excuse me, sir? Would you take 5,000 CFA for the shirt?

12 COMPARAISONS Explain how sales are held in France. Why do you think sales are held this way?

_____

_____

_____

_____

VOCABULAIRE 2/GRAMMAIRE 2

13 Louis travaille dans un grand magasin. Déchiffre les mots de la boîte et remets chaque élément dans la catégorie qui lui correspond.

RELAGECI	MELJLESU	NTETE	RTELLFEPOUIE
UBEAG	MPASEL	CINEHA	CABELERT
SNAGT	CLIEORL	CREEINTU	LAIMOTL
URAPIPALE	TMORNE	BATU	TESKA

1. Au rayon sport et plein air _____

_____

2. Au rayon maroquinerie _____

_____

3. Au rayon bijouterie _____

_____

14 En te basant sur les informations, trouve une idée de cadeau pour chaque personne.

1. Michel crashed his bike. _____

2. Chloé loves the mountains. _____

3. Sabine just got her ears pierced. _____

4. Guillaume is learning to fly-fish. _____

5. Fabrice wants to be a dolphin trainer. _____

15 You are a buyer for a chain of jewelry stores. Write out the amounts you would pay for the quantities of bracelets indicated.

Produit	Prix par unité
Bracelet en argent	0 à 1.000 = 5000 CFA
	1.001 à 100.000 = 3000 CFA
Bracelet en or	0 à 1.000 = 8000 CFA
	1.001 à 100.000 = 6000 CFA

1. Mille bracelets en or = _____

2. Quatre mille bracelets en or = _____

3. Cinquante mille bracelets en argent = _____

4. Neuf cents bracelets en argent = _____

16 You are working as a clerk at a store in Dakar. An American tourist who does not speak French hands you these drawings to ask how much these items cost. Write out his questions.

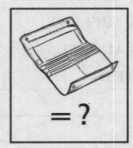  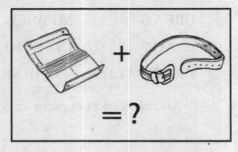

1. _____   2. _____   3. _____

_____   _____   _____

17 Complete the conversation between the store clerk and Richard, who is very careful with his money, Viviane, who loves a good bargain, and Henri, who can never make up his mind.

L'employé Je peux vous montrer les montres en or, monsieur?

Richard _____

L'employé Vous aimez ces colliers, mademoiselle? Ils sont en solde.

Viviane _____

L'employé Vous avez décidé, monsieur?

Henri _____

L'employé Vous prenez la bague en argent ou en or, monsieur?

Henri _____

18 You work at a store called **Le Magasin Un Euro** where everything costs just one euro. Write a conversation between yourself and a customer who doesn't understand the concept and asks the price of three items and then the total cost.

_____

_____

_____

_____

_____

_____

_____

VOCABULAIRE 2/GRAMMAIRE 2 CHAPITRE **7**

19 Tes amis et toi partez faire du camping. Dis ce que chaque personne a acheté.

Victor et Félix   Toi   Carole et toi   Yvette

1. _____   2. _____   3. _____   4. _____

_____   _____   _____   _____

_____   _____   _____   _____

20 Ton amie Laura est allée camper et elle te raconte ses aventures. Ta famille veut savoir ce qui s'est passé. Raconte-leur l'histoire au passé composé.

> Bon. Je fais du camping avec Maeva. Je veux acheter une tente. Maeva veut coucher à la belle étoile (*sleep under the stars*). Alors, nous n'achetons pas de tente. Cette nuit, il pleut!

_____

_____

_____

_____

_____

_____

_____

21 Raconte la dernière fois que tu es allé(e) faire les magasins. Qu'est-ce que tu as acheté? Pourquoi?

_____

_____

_____

_____

_____

_____

22 Regarde ce que Marie a répondu au test suivant. Dis si les phrases sont **vraies** (true) ou **fausses** (false).

Quel est ton style à toi?

Réponds à ce questionnaire et découvre ce que tes choix révèlent de toi.

___a___ 1. C'est l'anniversaire de mariage de mes parents. Pour aller au restaurant je porte:
   a. une robe/un costume
   b. un tee-shirt et un jean.
   c. quelque chose de gothique.

___b___ 2. Je vais faire du camping à la montagne. Il va faire froid. Je vais porter
   a. un beau manteau.   b. un anorak énorme.   c. une veste en cuir.

___b___ 3. Mon (Ma) chanteur (chanteuse) préféré(e) commence à porter des bottes militaires noires. Moi, je (j')
   a. refuse de changer mon look.
   b. continue à porter mes baskets.
   c. achète des bottes militaires violettes.

___c___ 4. L'inspiration pour mon look, c'est
   a. mes parents.   b. mes amis.   c. moi-même.

Si tu as choisi plus de "a" : =	Tu es attiré par le style traditionnel et classique. Tu n'es pas esclave de la mode.
Si tu as choisi plus de "b" : =	Pour toi, l'important, c'est le confort. Quand même, tu fais attention à la mode que tes amis suivent.
Si tu as choisi plus de "c" : =	Tu préfères être unique. Tu portes des vêtements qui sont à ton goût et tu n'écoutes pas ce que les autres disent de ton look.

_____ 1. Marie is a slave to fashion.

_____ 2. Marie likes to dress appropriately for the occasion.

_____ 3. Comfort is important to Marie when choosing what to wear.

_____ 4. Marie usually wears clothes that appeal to her own tastes.

_____ 5. Marie likes to shock her parents with her clothing style.

23 Fais le test. Est-ce que tes goûts diffèrent des goûts de Marie.

_____

_____

24 Lucas prépare son premier voyage aux États-Unis. Fais une liste des choses qu'il doit emporter pour faire chaque activité.

des jumelles	des chaussures de randonnée	un parapluie	une tente
un costume	un coupe-vent	une chemise	une casquette
un short	des lunettes de soleil	un anorak	un cerf-volant
une cravate	des chaussures	une ceinture	un imperméable

1. (Go camping in the Rocky Mountains of Colorado.) _____

2. (Go bird-watching in the Florida Everglades.) _____

3. (Ride along with a tornado-chasing crew in Texas.) _____

4. (Be the best man at his pen pal Christopher's wedding.) _____

5. (Compete in a kite-flying competition in Chicago.) _____

25 Marc n'est pas très à la mode. Il doit refaire sa garde-robe *(makeover)*. Écris ta conversation avec Marc. Tu lui donnes des conseils.

_____
_____
_____
_____
_____
_____
_____
_____
_____
_____
_____

26 It is Annick's first day working at a department store. Does she give correct (**C**) or incorrect (**I**) information to customers looking for different items?

_____ 1. Les glacières? Cherchez au rayon sport et plein air.

_____ 2. Des boucles d'oreilles? Elles sont au rayon maroquinerie.

_____ 3. Les sacs à main? Cherchez au rayon bijouterie.

_____ 4. Les jumelles? Elles sont au rayon maroquinerie.

_____ 5. Les gants? Ils sont au rayon sport et plein air.

27 Regarde les illustrations et dis ce que chaque personne a fait le week-end dernier.

Nicolas   Danielle   Sylvie et ses amis   Toi et tes amis

1. _____ 2. _____ 3. _____ 4. _____

_____ _____ _____ _____

_____ _____ _____ _____

28 Dis ce que tu as fais la dernière fois qu'il a plu tout le week-end. Mentionne 5 choses différentes.

_____

_____

_____

_____

_____

_____

_____

_____

_____

_____

_____

_____

À la maison

1 Madame Soulie était pressée *(was in hurry)* et elle a mélangé sa liste de corvées. Pour chaque corvée qu'elle a écrit, écris les deux corvées qu'elle voulait faire.

1. tondre le chien _____

_____

2. arroser l'aspirateur _____

_____

3. laver la poubelle _____

_____

4. vider ma chambre _____

_____

2 Regarde chaque image et dis ce que Christine doit faire.

1. _____

_____

2. _____

_____

3. _____

_____

4. _____

_____

3 Dis quelles corvées tu préfères faire. Utilise **Je préfère** ou **J'aime mieux.**

1. balayer / passer l'aspirateur _____

_____

2. mettre la table / faire la vaisselle _____

_____

3. faire la cuisine / faire la lessive _____

_____

4. débarrasser la table / nettoyer _____

_____

5. ranger ta chambre / laver la voiture _____

_____

4 Sophie et Olivier reçoivent de l'argent pour chaque corvée qu'ils font, mais il doivent d'abord demander la permission à leur mère. Écris les questions que vont poser Sophie et Olivier à leur mère.

1. _____ ?

2. _____ ?

3. _____ ?

4. _____ ?

5 Écris les conversations suggérées par les mots entre parenthèses.

    MODÈLE (cinéma / + / ranger ta chambre)   **Tu es d'accord si je vais au cinéma? Oui, si tu ranges ta chambre.**

1. (piscine / + / laver la voiture) _____

_____

2. (parc / – / passer l'aspirateur) _____

_____

3. (café / – !) _____

4. (centre commercial / + / débarrasser la table) _____

6 Écris un paragraphe pour décrire les corvées que tu fais tous les jours, celles que tu fais une fois par semaine, et celles que tu ne fais jamais.

_____

_____

_____

_____

_____

_____

7 Il ne reste plus qu'une heure avant la soirée d'anniversaire-surprise que Solène a organisée pour ses parents. Complète les instructions qu'elle donne à ses amis avec la forme correcte du verbe **pouvoir**.

Bernard, tu (1) _____ balayer? Merci! Antoine et Lise, vous

(2)_____ passer l'aspirateur? Merci bien! Oh, là, là. J'ai presque oublié!

Qui va faire la cuisine? Moi, je ne (3) _____ pas faire la cuisine. Tiens!

Didier, téléphone à Thierry et demande s'il (4) _____ faire la cuisine. Et

toi et moi, nous (5) _____ mettre la table.

8 Avec tes amis, vous avez décidé d'aider Madame Bâ. Certains de tes amis peuvent ou ne peuvent pas faire certaines tâches. Utilise le tableau ci-dessous pour décider qui peut faire quoi. Puis complète les phrases.

	promener le chien	faire la vaisselle	laver la voiture	tondre la pelouse
Hugues is allergic to dogs and soap.				
Marthe and Anne both have a bad sunburn and can't go outdoors.				
Madame Castel is allergic to grass and dish soap.				
You dislike all indoor chores.				

1. Hugues, il (devoir) _____

2. Marthe et Anne, elles (pouvoir) _____

3. Madame Castel, vous (devoir) _____

4. Moi, je (pouvoir) _____

9 Tu as reçu un e-mail d'un/une ami(e) qui te demande si tu peux aller au cinéma samedi après-midi. Tu ne peux pas car tu as trois corvées à faire. Écris-lui un e-mail pour lui expliquer ce que tu dois faire.

_____

_____

_____

10 GÉOCULTURE Remets dans la catégorie appropriée les éléments suivants.

mbalax	le poulet yassa	le Dakar	la tieboudienne
le batik	les boubous	la lutte sénégalaise	les souwères
la kora	la vannerie	les courses de pirogues	Youssou N'Dour

1. Artisanat _____

_____

2. Musique _____

_____

3. Sports _____

_____

4. Gastronomie _____

_____

11 FLASH CULTURE Pendant que tu es au marché tu entends un homme dire «J'ai une maison de trois étages avec une toiture-terrasse». Comment est la maison? Où est-ce qu'il habite?

_____

_____

_____

_____

_____

12 COMPARAISONS Imagine que tu habites au Sénégal depuis 6 mois quand ta petite cousine vient te rendre visite. Elle cherche les toilettes mais elle ne les trouve pas. Écris la conversation que tu as avec elle pour lui expliquer où sont les toilettes.

_____

_____

_____

_____

_____

_____

_____

13 Tes parents ont acheté une nouvelle maison. Décris-la à ton correspondant sénégalais.

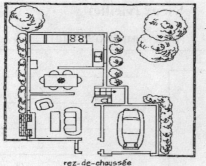
rez-de-chaussée

premier étage

_____
_____
_____
_____

14 Fais les mots croisés ci-dessous.

HORIZONTAL
1. Don't be "shelfish" with your books.
2. You light up my life.
3. Aladdin had a magic one.
4. The *Mona Lisa*, for example.

VERTICAL
5. A large one is a "walk-in."
6. Some of these are recliners.
7. Some of these fold out to make a **lit** for guests.
8. Twin, for example.

15 Tes amis t'aident à déménager. Dis-leur où chaque chose va.

1. le lit _____

2. la table et les chaises _____

3. les vêtements _____

4. la commode _____

5. le vélo _____

16 Ta grand-mère qui habite en France a décidé de vendre sa maison. Dessine un plan de sa maison et écris une description. Utilise les mots de la boîte.

grand(e)	**jardin**	**vieux (vieille)**	**moderne**
petit(e)	**joli(e)**	**nouveau (nouvelle)**	**pièces**

_____
_____
_____
_____
_____
_____
_____

17 La famille de John vient de déménager à Dakar. Il manque des objets. Prépare une liste de questions pour les déménageurs pour savoir où sont les objets manquants *(missing)*.

three beds	**four armchairs**	**one dresser**	**two tables**
two lamps	**one rug**	**a painting**	**one bookcase**

1. _____
2. _____
3. _____
4. _____
5. _____
6. _____
7. _____
8. _____

18 Dis où sont les objets suivants dans ta classe.

1. (la porte) _____

2. (le taille-crayon) _____

3. (le bureau du prof) _____

4. (ton sac à dos) _____

5. (la fenêtre) _____

6. (l'ordinateur) _____

19 Victor passe une semaine chez son ami Marc. Complète leur conversation avec les verbes **dormir**, **sortir** ou **partir**. N'oublie pas de les conjuguer correctement.

Victor   Toi et tes frères, où est-ce que vous (1) _____?

Marc   Dans les chambres au deuxième étage. Nos parents, ils (2) _____ dans la chambre au rez-de-chaussée.

Victor   Est-ce que tu (3)_____ souvent le soir?

Marc   Pas pendant la semaine à cause de l'école. Mes amis et moi, nous (4) _____ le samedi soir.

Victor   À quelle heure est-ce que tu (5)_____ pour l'école?

Marc   Moi, je (6) _____ à sept heures. Mes frères (7) _____ à sept heures et demie.

20 Complète la légende grecque de Dédale et Icare avec le **passé composé.**

Icare (1) _____ (naître) en Crète. Il était *(was)* le fils de Dédale, un architecte qui a fait le labyrinthe dans l'île de Crète pour le roi *(king)* Minos. Un jour, le roi s'est mis en colère contre *(got angry with)* Dédale, et il a emprisonné Dédale et son fils Icare dans le labyrinthe. Mais ils (2) _____(ne pas rester) longtemps dans le labyrinthe. Ils ont vite trouvé la sortie et ils (3) _____ (sortir). Mais comment partir de l'île? Un jour, une idée (4) _____ (venir) à Dédale: Des ailes *(Wings)*! Alors, il a fait des ailes avec des plumes et de la cire *(wax)*. «Je peux essayer les ailes?» a demandé Icare. «Oui», a dit son père. «Mais fais attention! Ne va pas trop haut! Le soleil peut faire fondre *(melt)* la cire». Icare n'a pas écouté son père. Il (5) _____ (monter) dans le ciel, il (6) _____ (aller) trop près *(too close)* du soleil et le soleil a fait fondre la cire. Icare (7) _____ (tomber) du ciel et il (8) _____ (mourir).

21 Dis quand les personnes suivantes sont nées.

1. Toi:_____

2. Ton meilleur ami: _____

3. Ta meilleure amie: _____

4. Deux ami(e)s qui sont né(e)s le même mois: _____

22 Voici les notes d'un agent immobilier *(realtor)*. Associe chaque personne à la maison ou l'appartement qui lui convient *(suit)* le mieux.

1. Belle maison à vendre en plein centre-ville avec 3 chambres, 2 salles de bains, salon, grande cuisine, garage de deux voitures, jardin, vue sur la mer. Prix: 200.000.000 FCFA.

2. Maison à vendre, en face de l'université, 3 étages, 4 chambres, salon, salle de bain, cuisine moderne. Prix : 100 000 000 F CFA.

3. Appartement à louer, immeuble flambant neuf à côté de l'université: 1 Ch. + Sal + SDB + Cuis. Prix 200 000 F CFA.

4. A vendre : Très belle case avec toiture en paille, à 100 mètres de la mer, environ 500 m2, cuisine, salon, salle de bain avec baignoire, 2 chambres. Prix 43.200.000 CFA.

5. Appartement de luxe, une chambre climatisée, plus salon et cuisine entièrement équipée, à 5 minutes de la plage. Prix 100 000 F CFA.

_____ **Chloé Fauvel** — étudiante à l'université, cherche un appartement à louer.

_____ **Félix Villain** — cherche une maison du style sénégalais traditionnel.

_____ **Youssou Diop** — professeur à l'université, marié avec trois enfants, sa femme est cuisinière professionelle, cherche une maison.

_____ **Claudette Bâ** — femme de soixante-dix ans, cherche un appartement de luxe à un prix raisonnable, aime promener son chien sur la plage.

_____ **Ousmane et Marianna Diallo** — deux enfants, Madame Diallo aime faire les magasins en ville, Monsieur Diallo veut un grand garage.

23 Et toi? Quelle maison est-ce que tu aimerais acheter ou quel appartement est-ce que tu voudrais louer? Pourquoi?

_____

_____

_____

_____

_____

_____

_____

RÉVISIONS CUMULATIVES

24 Classe les corvées suivantes selon le nombre de fois qu'elles sont faites chez toi.

passer l'aspirateur	sortir la poubelle	mettre la table	balayer
arroser les plantes	tondre la pelouse	faire la vaisselle	faire son lit
laver la voiture	promener le chien	faire la cuisine	faire la lessive

1. Une fois par jour _____

_____

2. Trois fois par jour _____

_____

3. Une fois par semaine _____

_____

4. Une fois par mois _____

_____

25 Marie et son frère doivent nettoyer le garage et le jardin. Des amis sont venus les aider. Dis qui fait quoi.

1. (Hervé / sortir la poubelle) _____

2. (Marie et moi / nettoyer) _____

3. (Thierry et Louise / arroser la pelouse) _____

4. (Sabine / balayer) _____

5. (Vous / tondre la pelouse) _____

26 Julien et Thomas veulent sortir ce week-end. Ils demandent la permission à leurs parents. Julien peut mais Thomas ne peut pas. Imagine la conversation qu'ils ont avec leurs parents.

_____

_____

_____

_____

_____

_____

_____

_____

27 Juliette veut peindre sa maison. Elle veut commencer par le salon et finir par la salle à manger, sans jamais retourner dans la pièce précédente. Écris en français le nom des pièces dans l'ordre où elle doit les peindre.

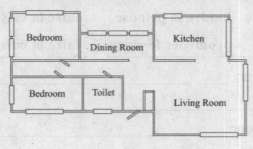

1. _____   3. _____   5. _____

2. _____   4. _____   6. _____

28 Madame Chabot demande à Mélanie, la nouvelle jeune fille au pair, de faire certaines corvées dans la maison. Mélanie ne connaît pas encore très bien la maison et demande où tout se trouve. Complète leur conversation.

Mme Chabot Mélanie, tu peux faire la vaisselle?

Mélanie (1) _____ ?

Mme Chabot Elle est à côté de la salle à manger. Et est-ce que tu peux promener le chien?

Mélanie (2) _____ ?

Mme Chabot Il est dans le jardin. Après ça, tu peux laver la voiture?

Mélanie (3) _____ ?

Mme Chabot Il est au fond du jardin. Tu peux ranger les chambres?

Mélanie (4) _____ ?

Mme Chabot Elles sont au premier étage. Merci beaucoup, Mélanie!

29 Un agent immobilier corse veut absolument vendre cette maison. Il invente une histoire incroyable sur Napoléon pour la rendre plus intéressante. Complète son histoire avec le passé composé.

Cette maison a une histoire très intéressante! Napoléon Bonaparte
(1) _____ (naître) le 15 août 1769 en Corse. En 1784, il (2)
_____ (partir) de Corse et il (3) _____ (aller) à Paris pour aller à
une école militaire. En 1804, Napoléon (4) _____ (monter) sur le trône.
En 1815, Napoléon (5) _____ (perdre) la bataille de Waterloo. Donc, il
(6) _____ (retourner) en Corse et il (7) _____ (acheter) *cette
même maison!* En 1821, il (8) _____ (tomber) dans l'escalier là-bas et il
(9) _____ (mourir) dans la chambre à côté du salon.

Allons en ville!

1 Écris l'endroit où chaque conversation a lieu (*takes place*).

   1. — Huit cents, neuf cents, mille dollars.

      — Merci, mademoiselle. _____

   2. — Tu aimes cette jupe?

      — Franchement, c'est un peu tape-à-l'œil. _____

   3. — Pardon, madame, où est l'aspirine?

      — Là-bas, à gauche des thermomètres. _____

   4. — Ah, non! Je n'ai pas les lettres!

      — On peut revenir demain. _____

   5. — Est-ce qu'on vend des cartes postales ici?

      — Oui, et des stylos aussi. _____

2 Tu es à la terrasse d'un café à Nice et tu regardes les gens qui passent. Écris des phrases complètes pour dire où ils sont allés.

   1. _____

   2. _____

   3. _____

   4. _____

3 Associe chaque événement avec le moyen de transport logique.

   _____ 1. a school field trip

   _____ 2. the Tour de France

   _____ 3. a demolition derby

   _____ 4. a Mount Everest expedition

   _____ 5. a tour of the London Underground

        a. à pied
        b. en bus
        c. à vélo
        d. en voiture
        e. en métro

4 Marie est au café et elle veut aller dans cinq endroits sans revenir sur ses pas. Trace ses pas, et puis écris l'ordre dans lequel elle va aller à chaque endroit. Utilise **d'abord, ensuite, après, et puis,** et **finalement**.

1. _____

2. _____

3. _____

4. _____

5. _____

5 Dis où cinq de tes camarades sont assis dans ta classe. Utilise les expressions **devant, derrière, entre, près de,** et **loin de.**

_____

_____

_____

6 Jean devient nerveux quand il demande des directions. Mets ses questions dans le bon ordre.

1. hôpital / madame, / savez / trouve / se / pardon / l' / où / vous

_____

2. pouvez / une / pardon / dire / il / monsieur, / a / vous/ y / me / où / poste

_____

3. la / mademoiselle, / cherche / moi / excusez / je / banque

_____

VOCABULAIRE 1/GRAMMAIRE 1   CHAPITRE **9**

7 Dessine une carte pour indiquer le chemin de l'école à ta maison. Puis, écris les directions pour ton (ta) nouvel (-elle) ami(e) français(e).

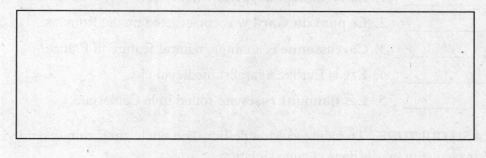

_____

_____

_____

8 Tes camarades et toi faites une excursion scolaire. Dis ce que chaque personne voit.

      Toi   Edgar   Rose et Sophie   Toi et Albert

1. _____   2. _____   3. _____   4. _____

    _____   _____   _____   _____

9 Tu fais une visite guidée de Paris. Complète ce que dit ton guide avec les formes correctes des verbes **voir, savoir,** et **connaître.**

Vous (1)_____ le restaurant là-bas? C'est le restaurant de Johnny Depp!

Je (2) _____ très bien Johnny. Ça, c'est l'hôpital où Brigitte Bardot est

née! Vous (3) _____ Brigitte Bardot, n'est-ce pas? Quel âge a-t-elle?

Je ne (4) _____ pas. Mon oncle, il adore Brigitte. Il (5) _____

tous ses films cent fois! Vous voulez (6) _____ à quel point il adore

Brigitte? Il (7) _____ le nom de tous ses chiens! Sur notre gauche, nous

(8) _____ le pont Mirabeau. Qui (9) _____ le poème "Sous le

Pont Mirabeau"? Personne? Moi, je (10) _____ bien ce poème: *Sous le*

pont Mirabeau coule la Seine, et nos amours...

10 GÉOCULTURE Lis chaque phrase et dis si elle est **vraie** (*true*) or **fausse** (*false*).

_____ 1. **La lavande** is a type of wild horse.

_____ 2. **Le pont du Gard** was constructed by the Romans.

_____ 3. **Carcassonne** is a unique natural feature in France.

_____ 4. **Èze** is Europe's largest medieval city.

_____ 5. **Les flamants roses** are found in la Camargue.

11 FLASH CULTURE Tu habites à Montpellier. Ton oncle américain te rend visite. Écris ce que tu lui dis dans chaque situation.

1. You meet your uncle at the airport and he says he wants to rent a car right away. When you say he doesn't need to rent a car, he asks why not.

   _____

2. Your uncle insists on renting a car anyway. He comes to an intersection and the light turns orange. He doesn't know what that means.

   _____

3. Driving a little further, your uncle enters a **rond-point.** He doesn't understand the purpose behind them.

   _____

4. Filling up at the gas station, your uncle sees one of the pumps labeled **diester.** He's never heard of that kind of fuel before.

   _____

5. You and your uncle have lunch at a café. You want to pay with your **carte bleue.** Your uncle asks what the machine the server brings to the table is.

   _____

12 COMPARAISONS Ton oncle de l'Activité 11 adore la France! Il décide de vendre son supermarché/pharmacie aux États-Unis et d'ouvrir un marché similaire (*just like it*) à Montpellier. Explique-lui pourquoi l'idée ne va pas marcher.

_____

_____

_____

_____

VOCABULAIRE 2/GRAMMAIRE 2   CHAPITRE **9**

13 Écris les mots de la boîte sous la rubrique qui convient.

le facteur	**la carte bancaire**	**la carte postale**	**la toux**
le billet	**un rhume**	**l'argent**	**le colis**
le sirop	**avoir mal à la gorge**	**la pièce**	**le pansement**
le comprimé	**le timbre**	**retirer**	**déposer**

1. À la pharmacie _____

    _____

2. À la banque _____

    _____

3. À la poste _____

    _____

14 Écris le mot qui ne va pas avec les autres dans chaque groupe de mots.

1. le pharmacien   le facteur   la tête   _____

2. l'enveloppe   le guichet   le timbre   _____

3. le comprimé   le rhume   la toux   _____

4. la pièce   le colis   la lettre   _____

5. le médicament   le sirop   le billet   _____

15 Regarde chaque illustration. Quelle question est-ce que tu poserais pour savoir quand chaque endroit est ouvert? Où il se trouve?

1. _____   2. _____   3. _____   4. _____

    _____   _____   _____   _____

    _____   _____   _____   _____

16 Complète la conversation entre Sabine et un employé de la banque un peu tête en l'air *(scatterbrained)*.

monnaie	changer	regrette	guichet	voudrais	adressez

Sabine   Bonjour, monsieur. Je (1) _____ retirer de l'argent.

L'employé   Pour retirer de l'argent (2) _____ -vous au deuxième (3) _____ .

Sabine   Mais celui-ci, c'est le deuxième!

L'employé   Oh! C'est vrai! Vous avez raison! Alors, vous voulez (4) _____ des euros en dollars?

Sabine   Non, monsieur! Je veux retirer cinquante euros!

L'employé   Je (5) _____ ! Je n'ai pas cinquante euros. Avez-vous de la (6) _____ sur cent euros?

17 Finis le poème de Muriel avec les verbes **-er** entre parenthèses au présent.

Tu vois les chevaux blancs de la Camargue?

(1) _____ (regarder)!

Ils (2) _____ (manger) sous le soleil brillant,

Une famille entière dans un paradis verdoyant.

Un petit, il (3) _____ (commencer) à jouer avec un copain.

En courant, ils (4) _____ (chercher) l'horizon lointain.

Ils sont partis pour toujours? Non, les voilà! Ils reviennent.

Et c'est pareil avec les jeunes humains.

Au début, nous n'(5) _____ (écouter) que le vent des voyages

Mais avec le temps nous nous fatiguons de chasser les nuages.

18 Complète les phrases avec des formes des verbes **-re** au présent.

1. Je _____ (répondre) au prof.

2. Vous _____ (entendre) le métro?

3. Nous _____ (vendre) notre voiture.

4. Paul _____ (perdre) souvent sa carte bancaire.

5. Annick et François _____ (attendre) à l'arrêt de bus.

VOCABULAIRE 2/GRAMMAIRE 2   CHAPITRE **9**

19 Utilise le verbe **choisir** pour dire quel bouton du distributeur d'argent chaque personne choisit.

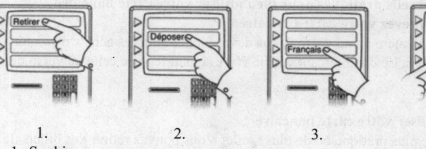

1.   2.   3.   4.

1. Sophie _____

2. Vous _____

3. Toi, tu _____

4. Moi, je _____

20 Complète cette histoire en mettant les verbes entre parenthèses au **présent**.

Madame Loisel (1) _____ (avoir) mal à la gorge. Elle (2) _____

(aller) à la pharmacie et elle demande à la pharmacienne, «(3) _____

(Pouvoir)-vous me donner quelque chose pour le mal à la gorge?» La

pharmacienne (4) _____ (mettre) une petite bouteille sur le guichet et

dit, «Si vous (5) _____ (boire) ce sirop, vous (6) _____ (aller)

vous sentir beaucoup mieux.» Madame Loisel dit, «Est-ce que je (7)

_____ (aller) pouvoir chanter?» La pharmacienne dit, «Bien sûr!»

Madame Loisel (8) _____ (être) étonnée (*astonished*). Elle dit, «C'est

bien! Vous (9) _____ (savoir), je n'ai jamais pu chanter avant!»

21 Tu vas interviewer le maire (*mayor*) de Perpignan pour ton journal scolaire. Récris tes questions en utilisant l'inversion.

1. Est-ce que vous êtes né à Perpignan? _____

2. Vous êtes marié? _____

3. Votre femme s'appelle comment? _____

4. Vous aimez habiter à Perpignan? _____

5. Les jeunes de Perpignan, qu'est-ce qu'ils font pour s'amuser? _____

_____

22 Lis ces conseils pour utiliser une carte bancaire, puis choisis la réponse correcte pour chaque question.

Conseils pratiques pour bien utiliser votre carte bancaire

Quand vous recevez votre carte bancaire,
signez-la immédiatement au verso. Vous devez signer pour les achats d'un montant supérieur à 760 €. Le commerçant vérifie votre signature avec celle au verso de votre carte.

Comment utiliser votre carte bancaire
Il n'y a rien de plus pratique ou de plus facile! Vous pouvez retirer des billets de 10, 20, 50, 100 € dans tous les distributeurs de billets. En plus, vous pouvez payer avec votre carte vos achats dans les magasins et dans les restaurants qui ont un terminal de paiement (TPE).

Votre code confidentiel
Vous ne devez jamais communiquer votre code confidentiel, *même à votre banquier.*
Faites attention que personne ne regarde quand vous composez votre code.

Si vous perdez votre carte,
appelez immédiatement votre banque. Les employés peuvent faire le nécessaire pour remplacer votre carte. En cas de vol de votre carte, appelez aussi la police.

_____ 1. When should you sign your carte bleue?
a. right away   b. within five days   c. within ten days

_____ 2. What is the highest amount you can withdraw from a **distributeur**?
a. 50 euros   b. 100 euros   c. 760 euros

_____ 3. Who should you share your secret code with?
a. no one   b. your family   c. your banker

_____ 4. When typing in your secret code, you need to be careful so that other people do not
a. steal your card.   b. see your code.   c. steal your money.

_____ 5. Who should you call if someone steals your card?
a. bank only   b. police only   c. bank and police

23 Le distributeur de billets a avalé (*swallowed*) ta carte bancaire! Écris le message que tu laisses sur le répondeur de la banque pour demander une nouvelle carte.

_____
_____
_____

24 Où peux-tu aller en prenant chaque ligne de bus.

1. Ligne A _____

_____

_____

_____

_____

2. Ligne B _____

_____

_____

_____

_____

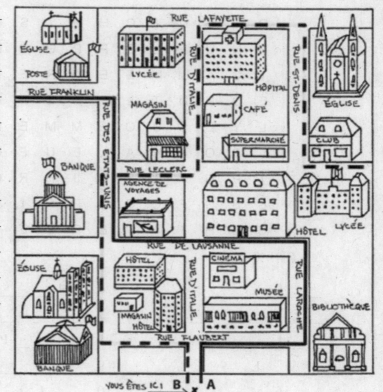

VOUS ÊTES ICI **B**→**x A**

25 Tu dois aller de la banque à l'hôpital. Le chauffeur de bus est nouveau et il ne connaît pas très bien la route. Donne-lui les directions d'après la carte de l'activité 24.

_____

_____

_____

26 Écris les questions que tu voudrais poser à Claude, un nouvel élève français. Utilise le verbe **connaître** ou le verbe **savoir** pour chaque question.

1. (Find out if he knows the French teacher.) _____

_____

2. (Find out if he knows how to swim) _____

_____

3. (Find out if French students know how to speak English.) _____

_____

27 Devine les mots au-dessous, et puis, cherche-les dans le "puzzle."

```
R I G U I C H E T S R E J
E N V E L O P P E T E M F
T G A M M E É M R E P P A
E Q P N T L P D E W A L C
L Y E S B O É M M E P O T
L S O N R A L E U F B Y E
I P U I I B S J H R O É U
B B S F C O M P R I M É R
C C H T I M B R E E S E B
```

1. __ __ S __ __	6. __ H __ __ __ __
2. __ __ M __ __ __ __ __	7. __ __ __ B __ __ __
3. __ __ I __ __ __ __	8. __ __ __ __ __ P
4. __ __ __ L __ __ __	9. __ __ V __ __ __ __ __ __
5. __ __ C __ __ __ __	10. __ __ L __ __ __

28 Écris la question suggérée par chaque réponse.

1. — _____ ?

— Oui, bien sûr. Voilà cinq pièces d'un euro et une pièce de cinq euros.

2. — _____ ?

— Il y a une poste dans la rue Charles Baudelaire.

3. — _____ ?

— La pharmacie ferme à sept heures du soir.

4. — _____ ?

— Pour changer de l'argent, adressez-vous au quatrième guichet.

Enfin les vacances!

CHAPITRE 10

VOCABULAIRE 1/GRAMMAIRE 1

1 Ton ami Justin ne trouve pas les mots qu'ils cherchent. Aide-le en écrivant tous les mots du Vocabulaire 1 qui correspondent à ce que veut Justin. Tu vas utiliser quelques mots plus d'une fois.

1. — I need something to put my stuff in, but I can't think of the word!

   — _____, _____, _____, _____ ?

2. — Um, I mean to put my clothes in, not my toothbrush and shampoo.

   — _____, _____, _____ ?

3. — Yeah, but not a huge bag.

   — _____, _____ ?

4. — Getting closer! Which one of those can I carry on a plane or train?

   — _____ ?

5. — That's it! I also have to get this thing made out of paper.

   — _____, _____, _____, _____ ?

6. — It's like a little book with my name and photo in it.

   — _____ ?

2 De quoi est-ce que ces personnes ont besoin quand elles vont à l'hôtel?

_____ 1. Mathieu broke his leg skiing.

_____ 2. Julien lets his Great Dane sleep on the bed with him.

_____ 3. Madame Leblanc quit smoking.

_____ 4. Marine loves to watch the ocean.

a. une chambre non-fumeur
b. un lit double
c. une chambre avec vue
d. un accès handicapé

3 De quoi est-ce que chaque voyageur a besoin?

1. _____   2. _____   3. _____   4. _____

4 Tes amis vont en vacances. Donne-leur des conseils.

1. François has lost his wallet three times in two years.

   _____

2. Valérie has never traveled to a foreign country before.

   _____

3. Eric is on medication for his allergies. He is going on an African safari.

   _____

4. Brigitte is going on a month-long vacation to Italy with just a backpack.

   _____

5. Luc thinks that all hotels supply travelers with shampoo and other items.

   _____

5 Patrick réserve une chambre d'hôtel. Complète chaque phrase de sa conversation avec le réceptioniste et puis mets leur conversation dans le bon ordre.

_____ 1. _____ la nuit.

_____ 2. Désolé, c'est _____. Mais nous avons des chambres pour le 6 et le 7.

_____ 3. À quel _____ ?

_____ 4. Très bien. Je voudrais _____ une chambre pour le 6.

_____ 5. Patrick Valentin. J'arrive à dix heures du soir. _____ quelle heure est-ce que la réception est ouverte?

_____ 6. Est-ce que vous avez une chambre _____ pour le 5 mai?

6 Ton/Ta meilleur(e) ami(e) va en France cet été. Donne-lui deux conseils pour ses préparatifs et deux conseils pour réserver une chambre d'hôtel.

_____

_____

_____

_____

_____

_____

7 Chloé et ses amies passent la nuit dans un vieil hôtel à la campagne. Complète la description de Chloé qui raconte ce qui se passe quand elles arrivent dans leur chambre. Utilise les verbes **appeler, jeter, épeler** et **rappeler.**

Sophie, Francine et moi arrivons dans notre chambre. Je (1) _____ ma valise sur un des lits et tout à coup une souris (*mouse*) court (*runs*) du lit dans la salle de bain! Alors, nous (2) _____ la réceptionniste. Pas de réponse. Je (3) _____ dix minutes plus tard. Toujours pas de réponse. Une demie-heure plus tard, Sophie et Francine (4) _____ . Pas de réponse. Donc, je décide d'envoyer un SMS à la réceptionniste. Je demande à Sophie «Comment est-ce qu'on (5) _____ souris?». «S-O-U-...». À ce moment-là, la souris sort de la salle de bain! Nous ouvrons la porte de la chambre et nous (6) _____ les oreillers (*pillows*) vers la souris qui sort de la chambre.

8 Julie va visiter plusieurs villes. Écris des phrases complètes pour dire où elle va.

MODÈLE (France / Paris)   **En France, elle va à Paris.**

_____ 1. (Angleterre / Londres) _____

_____ 2. (États-Unis / New York) _____

_____ 3. (Mexique / Mexico) _____

_____ 4. (Russie / Moscou) _____

_____ 5. (Chine / Shanghai) _____

_____ 6. (Australie / Sydney) _____

9 Tu as gagné un billet d'avion pour visiter quatre villes dans quatre pays différents. Écris quatre phrases complètes pour dire où tu vas aller.

_____

_____

_____

_____

_____

_____

_____

_____

10 GÉOCULTURE Choisis la bonne réponse pour chaque question.

_____ 1. Quel produit est utilisé dans la parfumerie?
   a. les santons   b. les tissus provençaux   c. la lavande

_____ 2. La Palme d'Or est associée à quel festival dans le Midi?
   a. le Festival du film b. le Festival d'Avignon   c. la Fête du Citron

_____ 3. Comment s'appelle la soupe de poisson d'origine marseillaise?
   a. la ratatouille   b. la tarte tropézienne   c. la bouillabaisse

_____ 4. Quel est le nom d'un peintre post-impressioniste du Midi?
   a. César   b. Paul Cézanne   c. Jean Cocteau

11 FLASH CULTURE Aide Travis à finir sa rédaction sur le système du chemin de fer en France.

tarif réduit	amende	TGV
five-star	state	la manche
Contrôleur	composter	SNCF

France's railway system rocks! It's run by the (1) _____ and it's called the (2) _____ . The trains get you there *fast*, especially the high-speed train called the (3) _____ . This train can take you from Paris to Marseille in three hours. It even goes from Paris to London under the English Channel, called (4) _____ in French. For teens, young kids, and older people, riding the train is a bargain because they can get a (5) _____ . Just be sure you (6) _____ your ticket or the Ticket Police, a.k.a. the (7) _____ will get you! And if you get socked with a big (8) _____ , how are you going to pay for that fancy (9) _____ hotel room?

12 COMPARAISONS Tu travailles dans un magasin d'appareils électroniques. Tu apprends qu'un client va en France. Qu'est-ce que tu essaies de lui vendre et pourquoi?

_____

_____

_____

_____

_____

13 Est-ce que tu pourrais entendre ces phrases à la gare (**G**), à l'aéroport (**A**) ou à tous les deux (**D**)?

_____ 1. J'ai faim. Allons au wagon-restaurant.

_____ 2. C'est bien! Le contrôleur dit que nous allons arriver en avance.

_____ 3. Ah, non! J'ai perdu ma carte d'embarquement!

_____ 4. Regarde l'heure! Nous avons raté notre vol!

_____ 5. Je voudrais un billet de première classe.

_____ 6. Désolé. Il n'y a plus de couchettes disponibles.

14 Ajoute les lettres qui manquent pour compléter les neuf mots de vocabulaire associés aux trains.

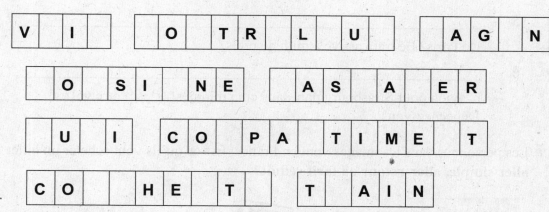

| V | I | | | O | T | R | L | U | | A | G | N |

| | O | | S | I | | N | E | | A | S | | A | | E | R |

| | U | I | | C | O | | P | A | | T | I | M | E | | T |

| C | O | | H | E | T | | T | | A | I | N |

15 Comment est-ce qu'on va voyager dans le futur (*in the future*)? Fais un dessin de l'aéroport de l'avenir. Indique en français les personnes et les objets suivants dans ton dessin : a pilot, a stewardess, passengers, an airplane, the boarding gate, the schedule board, the currency exchange office.

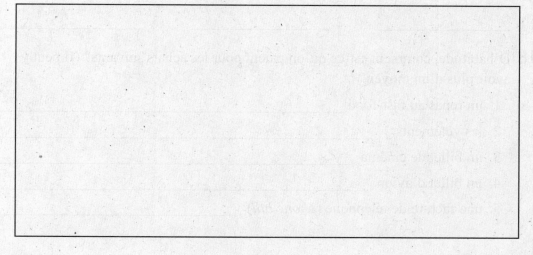

16 Écris une question pour chaque réponse.

1. — _____ ?

   — Tu n'as pas composté ton billet? Les composteurs sont sur les quais! Oh, là, là. Le contrôleur arrive!

2. — _____ ?

   — Entre Nice et Marseille? Non, je n'en ai pas. Mais je sais qu'il y a un train à deux heures.

3. — _____ ?

   — Oui, il fait une escale d'une heure à Paris.

4. — _____ ?

   — Non, elle est assez petite. Vous pouvez emporter cette valise dans l'avion.

5. — _____ ?

   — De Paris? Le train arrive à midi, je crois.

6. — _____ ?

   — L'avion pour Strasbourg part dans cinq minutes! C'est votre vol? Dépêchez-vous!

17 Les personnes dans les images vont en France. Est-ce qu'ils vont acheter un billet **aller simple, aller-retour** ou **tarif réduit?**

1. _____   2. _____   3. _____

18 D'habitude, comment est-ce qu'on paient pour les achats suivants? (Il peut y avoir plus d'un moyen.)

1. un repas au fast-food _____

2. les vêtements _____

3. un billet de cinéma _____

4. un billet d'avion _____

5. une facture de téléphone (*phone bill*) _____

19 Léo s'ennuie (*is bored*) pendant le vol entre la France et les États-Unis. Complète sa conversation avec Claire. Utilise le passé composé.

Léo   Qu'est-ce qu'il est long, ce vol! Je m'ennuie.

Claire   Tu pourrais lire ton livre.

Léo   J' (1) _____ (lire) mon livre.

Claire   Bon, ben, tu pourrais faire les mots croisés dans ce magazine.

Léo   J' (2) _____ (faire) les mots croisés.

Claire   Tu (3) _____ (finir) tes cartes postales?

Léo   Oui.

Claire   Tu devrais regarder ton DVD, alors.

Léo   J' (4) _____ (regarder) mon DVD.

Claire   Je te conseille de prendre un coca quand l'hôtesse revient.

Léo   J' (5) _____ (prendre) un coca.

Claire   Prends une limonade, alors!

Léo   D'accord.

20 Dans le livre policier *Un Meurtre dans Le Midi Express*, une femme disparaît (*disappears*) dans le train entre Marseille et Nice. Complète cet extrait du livre, dans lequel le détective Clément Trouvaille repense aux détails de l'affaire.

Mme Simonet et son mari (1) _____ (monter) dans le train à la gare de

Marseille avec leur chienne Zita à 6h du soir. Mme Simonet (2) _____

(entrer) dans le compartiment à 6h30. M. Simonet dit qu'il (3) _____

(aller) au wagon-restaurant à 6h35. Mme Simonet (4) _____ (rester)

dans la couchette. M. Simonet dit qu'il (5) _____ (retourner) dans le

compartiment à 7h30. Il a trouvé une note de sa femme qui a dit: «Zita et moi,

nous (6) _____ (partir) pour faire une petite promenade». M. Simonet

(7) _____ (devenir) inquiet quand elles ne (8) _____ (revenir)

après deux heures. Il est certain qu'elles (9) _____ (tomber) du train et

qu'elles (10) _____ (mourir). Mais, moi je ne suis pas aussi certain, car,

moi, je (11) _____ (aller) au wagon-restaurant de 6h30 à 7h et je n'ai

pas vu M. Simonet!

21 Lis la lecture et puis dis si chaque phrase suivante est **vraie** ou **fausse**.

Comment devenir pilote?

Beaucoup de monde rêve d'apprendre à piloter un avion. Il y a deux formations possibles pour réaliser votre rêve : le brevet de base ou le brevet de pilote privé.

Brevet de base
Pour passer un brevet de base, il faut réussir à l'examen théorique, passer un examen médical et avoir un minimum de vingt heures de vol. Le brevet de base vous permet de voler seul à bord et dans un rayon de 30 km de votre point de départ. Vous ne pouvez pas emmener des passagers avec un brevet de base.

Brevet de pilote privé
Ce brevet vous permet de voler partout en France et d'emmener des passagers. Il faut avoir un minimum de quarante heures de vol. Comme pour le brevet de base, il faut réussir à l'examen théorique et passer un examen médical.

FOIRE AUX QUESTIONS
Je suis une fille. Puis-je devenir pilote?
Bien sûr! Au moins 30 pour cent de nos étudiants sont des femmes.
Quel est l'âge minimum pour devenir pilote?
Pour obtenir un brevet de base, il faut avoir au moins 16 ans.
Est-ce que je peux piloter si je porte des lunettes?
Oui, si votre vue est suffisante avec vos lunettes.

_____ 1. A medical exam is only needed for the **brevet de base**.

_____ 2. With a **brevet de base**, a pilot can fly anywhere in France.

_____ 3. Forty hours of flying are needed to get a **brevet de pilote privé**.

_____ 4. A pilot must pass a theoritical exam for both the **brevet de base** and **brevet de pilote privé**.

_____ 5. Over half of the school's students are women.

22 Ton ami(e) voudrait devenir pilote, mais il (elle) ne peut pas décider entre un brevet de base ou un brevet de pilote privé. Donne-lui des conseils.

_____

_____

_____

23 Pour leur anniversaire de mariage, Monsieur Lambert emmène sa femme en voyage, mais il ne lui dit pas où ils vont! Complète les questions que Madame Lambert pose à son mari.

_____ 1. Est-ce que tu as acheté des billet d'…

_____ 2. Est-ce que j'ai besoin d'un bagage…

_____ 3. Je devrais prendre des chèques…

_____ 4. Tu as acheté des billets de…

_____ 5. Est-ce qu'il me faut une trousse…

_____ 6. Est-ce que je dois emporter mon…

a. passeport?
b. train?
c. de toilette?
d. à main?
e. avion?
f. de voyage?

24 Complète la notice du chef des pompiers (*fire chief*) concernant les défauts de l'hôtel Bel Air.

ATTENTION. Cet hôtel est fermé jusqu'à nouvel ordre pour les raisons suivantes:

1. La _____ ne marche pas. Il va faire très chaud cet été et les personnes âgées ne peuvent pas supporter les températures trop élevées.

2. Il y a un _____, mais il n'y a pas d'escalier. En cas d'incendie (*fire*), les gens doivent pouvoir descendre par un escalier.

3. Il n'y a pas assez de détecteurs de fumée. Il faut avoir un détecteur de fumée dans toutes les chambres, même dans les chambres _____ .

4. L'_____ n'est pas suffisant. Il n'y a pas assez de sorties pour les personnes en fauteuil roulant (*wheelchair*).

5. Il n'y a pas assez d'espace dans le _____ de l'hôtel pour les camions de pompiers (*fire engines*) en cas d'incendie ou autre véhicule en cas d'urgence.

25 Tu appelles un hôtel pour réserver une chambre. Ton amie Maeva te donne des conseils sur la chambre que tu devrais réserver (lit double, non-fumeur, avec vue, etc.). Écris la conversation que tu as avec le réceptionniste et Maeva.

_____

_____

_____

_____

_____

RÉVISIONS CUMULATIVES CHAPITRE **10**

26 Complète les mots-croisés.

HORIZONTAL

1. Tu ne peux pas monter dans l'avion sans une ____ d'embarquement.
2. Il vérifie que ton billet a été composté.
5. Si l'avion n'est pas à l'heure, il est en ____ .

VERTICAL

1. Les passagers de train dorment ici.
3. S'il fait mauvais, ils vont ____ ton vol.
4. Elle travaille comme serveuse dans un avion.
6. Tu peux échanger de l'argent au ____ de change.

27 Mets les questions dans le bon ordre.

1. main / je / bagage / enregistrer / dois / est-ce que / mon / à / ?

_____

2. Paris / provenance / heure / arrive / en / quelle / à / de / l'avion / ?

_____

3. l'avion / Marseille / escale / est-ce que / fait / à / ?

_____

4. peux / ici / dollars / des / je / en / est-ce que / euros / changer / ?

_____

5. coûte / Strasbourg / aller-retour / à / un / combien / ?

_____

28 Écris un poème au sujet d'un voyage. Utilise le passé composé et au moins quatre des verbes suivants: **perdre, attendre, chercher, trouver, finir, partir, aller, rater.**

_____

_____

_____

_____

Si tu étais…

SI TU ÉTAIS... CHAPITRE 1

1 Have you ever wondered what it would be like to be from a different country? In this activity, you will reinvent yourself as an exchange student from a French-speaking country. There are many French-speaking countries. Do a little research and decide from which country and city in that country your imaginary identity will be. Choose a new name and age and invent a couple of guy and girl friends. Next, draw a "photo" of yourself in your new identity along with your friends "back home." Finally, write a paragraph in French in which you introduce yourself and your friends. You will use this imaginary identity throughout the **Si tu étais...** section of this workbook.

_____

_____

_____

_____

_____

_____

_____

_____

_____

_____

_____

_____

_____

SI TU ÉTAIS...

2 One of your American classmates is curious about the classroom in the country your imaginary identity is from. He or she would also like to know how to say some words in French. Write a conversation in which your classmate asks about what's in your classroom back home and how to say three different words or phrases in French.

_____

_____

_____

_____

_____

_____

_____

_____

_____

_____

_____

_____

_____

_____

_____

_____

_____

_____

_____

_____

_____

_____

SI TU ÉTAIS...

1 You are feeling homesick for your country. The young people in the U.S. like to do activities you do not like to do and they don't do some of the activities that you do enjoy. Write a letter to a friend in your home country explaining what the young Americans do for fun and what you prefer to do for fun.

_____

_____

_____

_____

_____

_____

_____

_____

_____

_____

_____

_____

_____

_____

_____

_____

_____

_____

_____

_____

_____

_____

_____

_____

_____

_____

SI TU ÉTAIS...

2 You (your imaginary self) decide to place an ad in the school newspaper to try to find friends who share your interests. Write your ad and then write one person's response to your ad.

_____

_____

_____

_____

_____

_____

_____

_____

_____

_____

_____

_____

_____

_____

_____

_____

_____

_____

_____

_____

SI TU ÉTAIS...   CHAPITRE **3**

1 You have become friends with a person who answered your personal ad in the
Chapter 2 activity on page 105. Draw a "photo" of your new friend. Then, write
a paragraph in French describing him or her.

SI TU ÉTAIS...   CHAPITRE 3

2 For winter break, your new friend is going with you to your "home." Prepare him
or her to meet your family by creating a family tree. Draw a picture of each
member of your family in the appropriate spot on the tree. Under each picture,
write two sentences to tell who the person is in relationship to you and what he or
she is like.

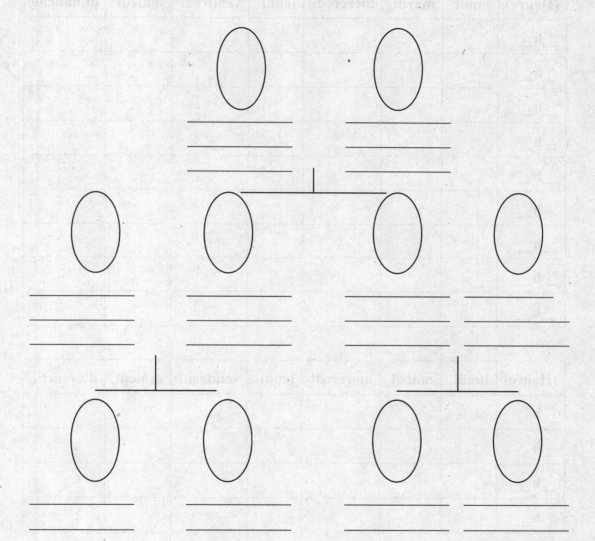

SI TU ÉTAIS...

1 At your imaginary school back home, your school schedule was mainly made up of classes you didn't like much. Now, your schedule has all classes you do like. Fill in the schedules to show your old school schedule and your new one.

(Heure)	lundi	mardi	mercredi	jeudi	vendredi	samedi	dimanche
__h__							
__h__							
__h__							
__h__							
__h__							
__h__							
__h__							
__h__							
__h__							

(Heure)	lundi	mardi	mercredi	jeudi	vendredi	samedi	dimanche
__h__							
__h__							
__h__							
__h__							
__h__							
__h__							
__h__							
__h__							
__h__							

SI TU ÉTAIS...

2 Your imaginary mother or father wants to know how your classes are going. Write a telephone conversation between yourself and him or her.

_____
_____
_____
_____
_____
_____
_____
_____
_____
_____
_____
_____
_____
_____
_____
_____
_____
_____
_____
_____
_____
_____
_____
_____
_____

SI TU ÉTAIS...

CHAPITRE **5**

1 The convention and visitors bureau back home would like you to create a brochure encouraging people to visit your city in all seasons of the year. Draw four images of the city where your invented self is from, one image per season. Then, write a short paragraph for each one in which you describe the weather and tell the activities that can be done at that time of year.

2 The manager of a new skating rink, zoo, museum, club, or cybercafé in your adopted American city would like you to write a radio commercial in French that targets the French-speaking members of the community. Write a commercial in which one teen invites another to do different things. The second teen is not interested until the new place is mentioned.

SI TU ÉTAIS...

CHAPITRE **6**

1 The city newspaper back home would like you to do a review of a restaurant in your adopted American town. Write a review in French of a restaurant you ate at where the food was excellent, but the service was very poor. Be sure to include quotes from your conversation with the server.

_____

_____

_____

_____

_____

_____

_____

_____

_____

_____

_____

_____

_____

_____

_____

_____

_____

_____

_____

_____

_____

_____

SI TU ÉTAIS...

2 Your adopted American school is having a "French week." They would like you to translate this week's school lunch menu into French. Find the lunch menu in your local or school newspaper, or interview a school cafeteria worker. Clip and paste or copy the menu on the left. On the right, write the French translation.

SI TU ÉTAIS...

1 Your adopted American school would like you to come up with a new school mascot that will be featured on baseball caps, t-shirts, scarves, jackets, socks, and sweaters to sell for fund-raising. Draw these six different items, and write a short description of each one, telling what the item is, what it is made of, and its price.

SI TU ÉTAIS...   CHAPITRE **7**

2 You are shopping for something to wear to your first American school dance. Write a conversation between yourself, the salesperson, and a friend who gives you his or her opinion of the clothes you try on.

_____
_____
_____
_____
_____
_____
_____
_____
_____
_____
_____
_____
_____
_____
_____
_____
_____
_____
_____
_____
_____
_____
_____
_____

1 Back at you imaginary home, you hated to do chores, but in your adopted American home you enjoy doing them. Create drawings or have a friend take photographs of you doing four different chores. Then, write a letter to your "parents" back home telling how often you do each chore.

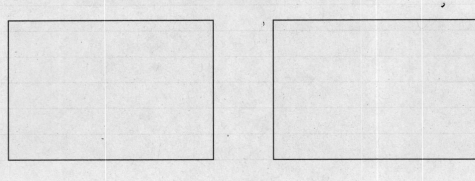

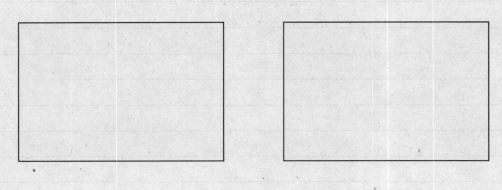

_____

_____

_____

_____

_____

_____

_____

_____

_____

_____

_____

SI TU ÉTAIS...

2 Your American host family is curious about your house back home. Draw a
floorplan of your imaginary home, then write a paragraph in French describing it.

_____

_____

_____

_____

_____

_____

_____

_____

_____

_____

_____

_____

_____

_____

_____

SI TU ÉTAIS...   CHAPITRE **9**

1 Your American host family has asked you to teach their young children some
French words during your stay. Create a word search of the names of ten places
in French. Write the words in the puzzle, one letter per box, then add letters to
the other squares to hide the words. Finally, write clues to the words they should
look for in the puzzle.

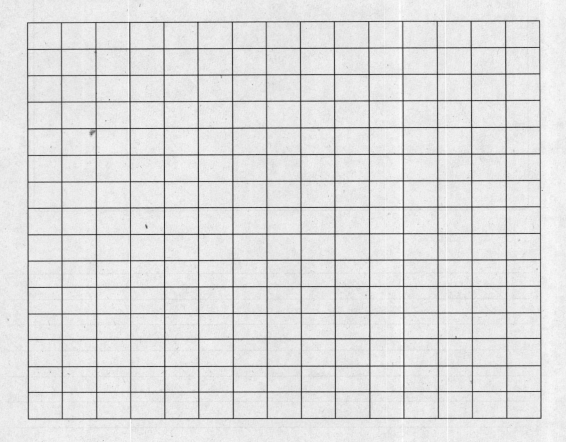

1. _____

2. _____

3. _____

4. _____

5. _____

6. _____

7. _____

8. _____

9. _____

10. _____

SI TU ÉTAIS...   CHAPITRE **9**

2 The drama club of your American school is having a play-writing contest. You decide to write a comedy about a person who is coming down with a bad cold who must go to the bank, the post office, and the pharmacy before he or she can go home and rest. The person runs into problems at each place he or she stops.

_____

_____

_____

_____

_____

_____

_____

_____

_____

_____

_____

_____

_____

_____

_____

_____

_____

_____

_____

_____

_____

_____

_____

SI TU ÉTAIS…

1 You are the only one in your adopted American school who has traveled abroad. Your teacher has asked you to give a speech giving advice to your classmates on what they should bring and what they should do to prepare to go abroad. Write the outline of your speech and then the complete speech below.

Allons à l'étranger!

I. **à emporter**

    A.

    B.

    C.

    D.

II. **à faire avant de voyager**

    A.

    B.

    C.

    D.

_____

_____

_____

_____

_____

_____

_____

_____

_____

_____

_____

SI TU ÉTAIS...

2 It is the end of the school year and you are headed home. Write a description of your journey back to your country by way of airplane and train. Include quotes from your conversations with employees at the airport and train station.

_____

_____

_____

_____

_____

_____

_____

_____

_____

_____

_____

_____

_____

_____

_____

_____

_____

_____

_____

_____

_____

_____

_____

_____

_____

_____

EN RÉSUMÉ

1 You have finally arrived home after spending the school year in the United States. Write a web log in which you introduce yourself, give background information on the American city you lived in and the American school you attended. Then, write a description of the best, worst, funniest, and most unusual things that happened to you during the school year.

_____

_____

_____

_____

_____

_____

_____

_____

_____

_____

_____

_____

_____

_____

_____

_____

_____

_____

_____

_____

_____

_____

_____

_____

_____

_____

_____

_____

EN RÉSUMÉ

2 Now that you are back in your home country, you notice the many cultural differences between your country and the United States. Write a paragraph describing five things that people do differently in your country from how they are done in the United States.

_____

_____

_____

_____

_____

_____

_____

_____

_____

_____

_____

_____

_____

_____

_____

_____

_____

_____

_____

_____

_____

_____